BEATE KUBY

Materielle Selbstermächtigung

Vom erlösten Umgang
mit Geld und Materie

Schirner
Verlag

Haftungsausschluss

Die Übungen und Informationen in diesem Buch sind kein Ersatz für eine ärztliche, heilpraktische oder therapeutische Behandlung. Sie führen alle Übungen in eigener Verantwortung durch. Weder der Autor noch der Verlag können für eventuelle Folgen, die sich aus den im Buch gemachten praktischen Hinweisen ergeben, eine Haftung übernehmen. Dieses Buch enthält Verweise zu Webseiten, auf deren Inhalte weder der Autor noch der Verlag Einfluss haben. Für diese Inhalte wird keine Gewähr übernommen. Für die Inhalte der verlinkten Seiten ist stets der jeweilige Anbieter oder Betreiber der Seiten verantwortlich.

ISBN 978-3-8434-1068-7

Beate Kuby:
Materielle Selbstermächtigung
Vom erlösten Umgang
mit Geld und Materie
Copyright © 2012
Schirner Verlag, Darmstadt

Umschlag: Murat Karaçay, Schirner,
unter Verwendung von #930447
(Samuel Knowles), www.fotolia.de
Redaktion: Claudia Simon, Schirner
Satz: Arne Gutowski, Schirner
Printed by: OURDASdruckt!, Celle,
Germany

www.schirner.com

1. Auflage Oktober 2012

Inhalt

Dank

Mein Dank gilt all jenen Menschen, die ich aus dem materiell unerlösten in das materiell erlöste Bewusstsein begleiten durfte. Sie haben mir gezeigt, dass nur so die Tür zum Frieden zu öffnen ist. Sie können jetzt ihr wahres Potenzial entfalten und sind frei für den tieferen Sinn ihres Lebens geworden:

Transformation

Mein Autorendank geht an Heidi und Markus Schirner vom Schirner Verlag, weil sie an mein Buch glauben und es verlegen. Mein ganz großer Dank geht an meine herzenswarme, kluge, kompetente und patente Lektorin Gunhild Hexamer, die übrigens selbst eine glänzende Autorin ist.

Mein ganz privater Dank gilt meinen Eltern, die mich auf den Planeten gesetzt haben, meiner wunderbaren Tochter Eliza-Maria Kuby, weil sie mir die Ehre gibt, in diesem Leben ihre Mutter zu sein, und meinem Mann Daniel Gasch, einem der bescheidensten und gütigsten Menschen, die ich kenne.
Mögen wir alle zusammen noch lange glücklich sein!

Liebe Leserin, lieber Leser

Es gibt unendlich viele Schlüssel zum Tor des Reichtums.
Einer davon gehört Ihnen.

Sind Sie auch einer von diesen Menschen, die nichts von ihrem Potenzial ahnen und denken, Geld und Arbeit seien das Wichtigste auf Erden? Die sich immer wieder ablenken lassen und so ins Hadern und Straucheln geraten?

Arbeit für andere und Geld als Belohnung sind allenfalls Mittel des Übergangs in unsere eigene Lebensführung. Mit diesen Mitteln und durch sie können wir uns, wenn wir es nicht übertreiben, unserem wahren Lebensauftrag nähern und ihn erfüllen. Deshalb haben wir uns auf der Erde versammelt, oder nicht?

Alle Menschen haben das Geburtsrecht, in materieller Unabhängigkeit zu leben. Materielle Verstrickungen nehmen uns die Freiheit, lassen uns in Abhängigkeit Dinge tun, die wir uns und anderen mit freiem Willen niemals antun würden. Alle unerlösten Gefühle und Gedanken kommen auf den Plan, breiten sich aus und führen zu Krankheiten körperlicher, psychischer und zivilisatorischer Art bis hin zum Tod. Weltweit.

Doch wir können etwas dagegen tun. Der Aufwand ist gering, und der Gewinn ist Freiheit.

Leben Sie Ihr Recht, gehen Sie in die Selbstermächtigung!

Warum schreibe nun gerade ich dieses Buch? Weil ich mich mein Leben lang mit dem Thema Materie und Fülle beschäftigt habe. Meine Ahnen waren sehr wohlhabend und mit großem Besitz gesegnet. Sie waren nicht nur reich, sie führten auch viele Reformen durch, im sozialen Bereich und im Rechtswesen, und waren im Widerstand tätig. In zwei Weltkriegen aber verloren sie all ihre Besitztümer, all ihr Geld, die Heimat und den Einfluss in der Gesellschaft. Das kollektive Trauma führte in meiner Familie dazu, dass man nicht über den Verlust von Heimat und Besitz klagte und Geld und Gut fortan misstraute. Wer viel davon hatte und sich darüber freute galt als »unfein« und »peinlich«. Soziale und spirituelle Werte wurden weiter hochgehalten, die Materie hingegen negiert.

Als Kind der Kriegsgeneration versuchte ich, seit ich denken kann, die verlorene Fülle und Freiheit in meine Familie zurückzuholen, was mit den erlernten Glaubenssätzen vorerst ein Ding der Unmöglichkeit war. Doch ich gab nicht auf und dachte, dass es irgendwo eine Lösung geben musste.

Die Werkzeuge, die ich mir in meinem Beruf und in meiner Forschung erworben habe, führten mich auf den Weg der materiellen Selbstermächtigung.

In der Praxis ist es mir oft gelungen, die Lebensentwürfe und die materielle Einstellung meiner Klienten in den Erfolg zu bringen. Einige dieser Menschen hätten mich aber ein paarmal, ohne böse Absicht, fast materiell ruiniert. Meine Fehlannahme war der Grund: Über Geld spricht man nicht, es lässt sich nicht in eine Waagschale mit sozialem Engagement werfen.

Meine Klienten-Lehrmeister taten mir den Gefallen und bezahlten mir meine Rechnungen nicht. Sie führten mir gleichzeitig vor Augen, dass die Therapie ein voller Erfolg war und genossen ihr neues Leben. Seitdem sprechen wir von Beginn an genau ab, welchen Ausgleich ich für meine Leistungen bekomme, und meine Klienten bestätigen mir, dass sie sich so noch geborgener und sicherer fühlen als vorher, weil ein klarerer Rahmen abgesteckt ist.

Ganz viel geben wollen und gleichzeitig Geld und Besitz gering achten widerspricht sich in der Sache. Mit dieser Haltung zollt man Mutter Erde und ihren Geschenken keinen Respekt. Das habe ich für mich und andere erkannt und beziehe das in meine Philosophie und Arbeit mit ein. Seitdem läuft es rund.

Dieses Wissen, das mit der Eigenermächtigung, der Eigenverantwortung, beginnt, möchte ich an Sie zur praktischen Selbstanwendung weitergeben. Sie sind es wert, wir alle sind es wert.
In diesem Buch finden Sie Hilfe zur Selbsthilfe für Ihren persönlichen Weg. Ich habe Ihnen aus meiner Praxis eine Reihe von Texten und hochwirksamen Übungen zusammengestellt, die leicht in der Tasche mitzunehmen sind. Damit können Sie Ihr Bewusstsein erweitern und Ihre Fähigkeiten entspannter und hilfreicher einsetzen als bisher. Das gibt Ihnen Freiräume, in denen Sie Ihre Kreativität entdecken und ausleben können. Ihre Lebensqualität steigt.

Wer zufrieden ist, benötigt weniger Kompensationsmittel.
Wer keine Ersatzbefriedigung braucht, ist unabhängig.
Ein Unabhängiger hat einen freien Geist.
Ein freier Geist sieht die Schönheit des Lebens.
Vielleicht wagt er es auch, sie zu leben.

Das wäre ein echter Erfolg! In diesem Sinne wünsche ich Ihnen einen reichen Gewinn beim Lesen.

Ihre Beate Kuby

Die Kuby-Kombi-Methode: Gesundheit für Körper, Geist und Seele

Der Mensch ist ein vielschichtiges, mehrdimensionales Wesen. Die herkömmlichen Beratungsmethoden zielen oft nur auf eine Ebene. Mit dem Ergebnis, dass Probleme sich nicht ganz auflösen bzw. Symptome sich lediglich verlagern und nach anfänglichen Erfolgen wieder erscheinen oder chronisch werden. Dies führt zu einer Einschränkung der Lebensqualität und kann Behandler wie Patient an der rein symptomorientierten Medizin zweifeln lassen.

Meine jahrelange Arbeit mit Menschen, die sich selbst aufgegeben hatten oder als austherapiert galten, gestaltete sich zwar anfangs als sehr schwierig, doch je mehr Methoden ich erlernte, je öfter ich altes überliefertes sowie ganzheitliches Wissen einsetzte, desto häufiger erwies sich die Arbeit als hilfreich und beglückend für alle Beteiligten.

Entscheidend ist, dass ich mich nicht darauf konzentriere, was nicht »funktioniert«, sondern auf dem aufbaue, was noch intakt ist.

Der kranke Mensch und ich sind Partner, es gibt keine Geheimnisse, sondern ich informiere genau über das, was ich als nächsten Arbeitsschritt plane.

Bei dieser Form der Therapie lernen Sie Ihren Körper, Ihren Geist und Ihre Psyche und somit sich selbst mit allen Aspekten und großartigen Möglichkeiten kennen, und zugleich lernen Sie, sich selbst anzunehmen.

Wir nehmen die Symptome wahr, und gemeinsam erfahren wir die Geschichte, die zu den Ursachen führt. Gern auch in Kooperation mit Ärzten, Physiotherapeuten, Psychologen, Lehrern, Partnern und anderen Personen, auch mit Helfern aus dem Tierreich (Hunde, Pferde, Lamas etc.), um eine manifeste Wiedererlangung des individuellen Wohlbefindens zu erreichen.

Ich als Partner meiner Klienten freue mich über die großen Erfolge, die mit dieser Methode zu erreichen sind. Jedes Schicksal fordert mich heraus, mein Bestes zu geben und meine Methodik stetig zu verbessern und somit immer schneller und effektiver zum Ziel zu kommen.

Von der Nutzung dieses Buches

Lesen Sie dieses Buch in Ihrem eigenen Tempo, und lassen Sie sich Zeit, das Erlebte und Erfahrene zu verdauen und zu erproben. Fangen Sie bei den Übungen ruhig mit den Kapiteln an, die Sie jetzt am meisten interessieren. Arbeiten Sie sich querbeet durch das gesamte Buch, doch lassen Sie kein Kapitel aus, denn es lohnt sich, alle Inhalte zu lesen. Sie ergänzen sich sinnvoll und ganzheitlich. Arbeiten Sie mit diesem Buch konsequent und diszipliniert, dann werden Sie Erfolg haben. Sie können die Übungen sooft Sie wollen wiederholen. Nehmen Sie sich für die Übungen einen Partner, der Sie anleitet. Auch können Sie das Buch zu zweit oder in einer Gruppe durcharbeiten. Kontrollieren Sie Ihre Erfolge, und protokollieren Sie sie, das wird Sie in Zeiten des Zweifelns motivieren. Bleiben Sie dran, es lohnt sich!

Hängen Sie Ihre ersten Erfolge nicht gleich an die große Glocke. Genießen Sie sie erst einmal selbst. Loben Sie sich regelmäßig für erfolgreiche Schritte auf dem Weg, und belohnen Sie sich dafür mit etwas, das Sie wirklich erfüllt. Es ist Ihr erarbeiteter Erfolg, lassen Sie ihn sich nicht von Kritikern und Neidern miesmachen.

Ich biete zum Erlernen der materiellen Selbstermächtigung (MSE) Seminargruppen und Einzelberatungen an. Bestimmte Themenbereiche werden so vertieft und/oder können individuell angepasst werden. Der Vorteil der Gruppenarbeit ist: In einer Gruppe lernt es sich leichter. Alle sitzen im selben Boot, Sie sind in guter Gesellschaft. Erfahrungen, Motivationshilfen und Erfolge werden ausgetauscht. Man geht miteinander den Weg. Ihre soziale Kompetenz wächst.

Aus der gemeinsamen Arbeit entstehen soziale Netzwerke, und oft entwickeln sich tiefe Freundschaften, weil man sich von Anfang an ehrlich und nicht wertend begegnet. Alle wissen, worum es geht, Vertrauen und Öffnung sind möglich.

In dieser Gruppe freut sich jeder über Ihren Erfolg!

Wenn Sie vom Schüler zum Meister geworden sind, können Sie lernen, selbst MSE-Seminare anzubieten, um auch anderen Menschen die Chance zu geben, diese Methode anzuwenden.

Zur Arbeit mit den Übungen

Nehmen Sie sich für jede Übung Raum und Zeit. Die Zeit, die Sie ins Üben investieren, bleibt Ihnen durch besonnenes, befreites Handeln im Anschluss übrig. Bedenken Sie: Jede Investition in die eigene Weiterentwicklung erspart Ihnen Fehlhandlungen und Verluste. Bereiten Sie die benötigten Materialien für die Übung vor. Stellen Sie sich emotional und geistig auf die Übung und Ihr Ziel ein. Geben Sie sich im Anschluss Zeit, das neu Erfahrene zu erproben. Lassen Sie sich nicht ablenken oder dazwischenreden, denn Sie sind der wichtigste Mensch in Ihrem Leben.

Wenn Sie das beherzigen und entsprechend in sich investieren, geht es auch allen anderen Menschen mit Ihnen gut, denn Sie sind mit sich im Reinen. Solche Menschen hat man beruflich und privat gern als Partner.

Sie können sich bei den Übungen auch von einer Person Ihres Vertrauens anleiten lassen. Wichtig: Lassen Sie sich nicht drängen oder hetzen. Nur Sie wissen ganz genau, wie und wann Sie neue Informationen verinnerlicht haben.

Nehmen Sie eventuelle Kommentare Ihres Partners wertfrei zur Kenntnis. Sie wissen, dass Kommentare anderer nicht unbedingt mit Ihnen zu tun haben müssen. Sie beschreiben eher die Sicht des anderen, seine Erfahrungen und Interpretationen als Ihre eigenen. Setzen Sie sich nur mit Kommentaren auseinander, die sich für Sie als treffend und absolut stimmig anfühlen. Alle anderen Kommentare lassen Sie getrost bei Ihrem Partner, da gehören sie hin. Ein wunderbares, effektives Übungsforum sind die Selbsthilfegruppen in Ihrer Nähe. Dort treffen Sie Gleichgesinnte. Sie können sich austauschen und Erfahrungen vergleichen. Ihre Selbsthilfegruppe stärkt und motiviert Sie auf dem Weg. Menschen, die ähnliche Ziele und Erfahrungen haben, können starke, tragende, verlässliche Netzwerke in allen Lebensbereichen bilden. Sie wissen, wovon sie sprechen, und handeln entsprechend. Hier und in den Seminaren sind Sie zum Üben immer an der richtigen Stelle. Wenn sich der Erfolg nicht sofort einstellt, machen Sie die Übung so oft, bis sie Ihnen wie von selbst gelingt.

Sie lösen mit jeder Übung »Knoten« auf und bringen Ihr Leben mehr und mehr in Fluss. Neue Türen öffnen sich.

Sie haben Ihr ganzes Leben mit bestimmten Glaubensmustern, Ansichten und Verhaltensweisen verbracht. Gehen Sie entspannt und wohlwollend mit sich selbst in die Veränderung. Alles braucht seine Zeit. Erzwingen Sie nichts, dann kommt der Erfolg schneller. Alle Übungen sind nebenwirkungsfrei und über viele Jahre klinisch und in der Praxis erprobt.

Alle Übungen wurden von mir, Beate Kuby, entwickelt. Anregungen, Ideen und Fragen hierzu können in meinen Seminaren besprochen werden. Oder Sie schauen auf meine Webseite.*

Ich wünsche Ihnen von ganzem Herzen viel Erfolg und freudige Erkenntnisse.

---

* www.2012KubyundGasch.de

Einführung

Was ist Materie?

In diesem Buch sind damit in erster Linie Geld und Besitz gemeint. Grundsätzlich ist Materie Energie, die fließt und/oder sich in einer bestimmten Form verfestigt.

Wir können dieser Energie durch unser mentales System eine Richtung geben, sie durch unser physisches System in eine Form bringen und durch unser emotional-geistiges System füllen und beleben. So sehe ich das, doch alle anderen Erklärungen sind in sich genauso wahr und hilfreich.

Arthur Schopenhauer betrachtet die Materie als Erscheinung, Objektivation des »allgemeinen Willens zum Leben«. Ihr Sein ist »Wirken«. Aus der Vereinigung von Raum und Zeit entstehend, ist sie wie diese nur Vorstellung. »Der absolut ungeformte Stoff ist nur eine Idee, ein abstrakter Begriff. Alle konkrete Materie ist eine höhere, aktivere Form, eine (sichtbare) Formung.«[*] Für Schopenhauer sind Menschen, Tiere, Pflanzen, auch Steine bzw. alle Form von Materie Teil dieses Prinzips.[**]

Wilhelm Rosenkrantz schreibt über das Gesetz von Ursache und Wirkung: »Soll überhaupt etwas werden, so muss immer schon etwas vorhanden sein, das entweder selbst etwas anderes wird, oder woran etwas anderes wird.«[***] Der ursprüngliche (neutrale) Zustand der Materie kommt durch unser Zutun in die Form.

---

[*] Schopenhauer, Arthur: *Die Welt als Wille und Vorstellung I*, § 4, gelesen auf www.textlog.de/1413.html
[**] www.de.wikipedia.org/wiki/Die_Welt_als_Wille_und_Vorstellung
[***] Rosenkrantz, Wilhelm.: *Wissenschaft des Wissens II*, S. 201 f., gelesen auf www.textlog.de/4407.html

Metaphysisch ist die Materie Folgendes: der beharrende Träger der sinnlich wahrnehmbaren Erscheinungen, die Substanz der Körper. Wir betrachten die Materie als substanzielle Erscheinung der Schöpfung, und wir klassifizieren sie in Gut und Böse.

Durch die Berichterstattung der Medien und das daraus resultierende Weltbild sind Geld und Besitz etwas, das zu Unrecht erworben ist, charakterlosen Menschen gehört, Kriege entfacht, Armut verursacht, überhaupt an allem, was auf dem Planeten Erde schiefläuft, in irgendeiner Form beteiligt ist.

Es gibt die Gruppe der materiellen Täter und die der materiellen Opfer. Je mehr darüber berichtet wird, umso mehr identifizieren sich die Menschen mit diesen Rollen und sortieren sich in eine der beiden Gruppierungen ein.

Weil dieses Weltbild in unserem Bewusstsein
so fest einzementiert ist, klafft die Schere
zwischen Arm und Reich immer mehr auseinander.

Ein rein mentales Problem – mit den entsprechenden Gefühlen behaftet.

Viele – vor allem spirituelle – Menschen setzen gleich auf höhere Werte, meditieren über Fülle und sind trotzdem wenig wohlhabend, weil sie dies als ungerecht empfinden würden. Wenn ich aber ein Projekt verwirklichen will, geht das nicht ohne Form (Materie).

Die heilige Mutter Teresa in Kalkutta wachte auch nicht jeden Tag auf einem goldenen Ei auf, das ihr half, ihr Projekt, die Ärmsten von der Straße zu holen, zu verwirklichen. Nein, sie machte sich engagiert auf die Suche nach Menschen, die ausgezeichnet mit der Materie umgehen konnten und mit dieser Materie dem Projekt Substanz und Form gaben. Den Inhalt gab sie dazu. So entstand eine wunderbare Synergie, die für alle Seiten bereichernd und erfüllend war.

Jeder Mensch hofft auf einen Sinn seines Daseins,
auf kreative Lebensführung und die Erfüllung
(Materialisierung) seiner Träume.

»Ich will reich sein« heißt im Grunde nichts anderes als: »Ich will frei sein, geborgen und erfüllt, dazugehören, anerkannt und gesehen, liebend und geliebt ...«
Eine mentale Hybris lässt uns Imperien und Paläste schaffen, damit wir Respekt und Anerkennung erhalten. Was für ein belastender Umweg!
Wer diese Paläste besucht und bewundert, sich ihrer Pracht und Fülle hingibt, erkennt im Ideal seine eigene innere Schönheit darin wieder. Dann hat der Erbauer ein gutes Werk für seine Mitmenschen und alle, die nach ihm kamen, getan. Er selbst bleibt oft getrieben und unglücklich zurück. Ein Beispiel dafür ist König Ludwig II. von Bayern, dessen Schloss Neuschwanstein die ganze Welt kennt und besucht, das ihm aber nicht die sehnsüchtig erwartete Erfüllung brachte. Er verhinderte sogar Krieg, indem er die Kriegskasse für den Bau seiner legendären Schlösser plünderte. Hätte er sich damals schon coachen lassen können, wäre er sicher auch in die Selbstachtung, die Selbstliebe und den angestrebten Genuss seiner Materialisationen gekommen.

Was ist Selbstermächtigung?

Selbstermächtigung bedeutet, dass Sie sich selbst die Macht über Ihr Leben geben, in jeder Hinsicht, bei kleinen und bei großen Handlungen. Wer sollte denn der Herr in Ihrem Haus sein, wenn nicht Sie selbst?

Das, was so leicht klingt, ist keineswegs selbstverständlich. Unsere Herkunftsfamilie und unsere Kultur haben alle ihre Prägungen in uns hinterlassen.

Wenn wir eine Entscheidung treffen, wessen Wunsch folgen wir dabei? Wirklich unserem eigenen oder dem einer Person oder eines Kollektivs aus unserem Umfeld? Dabei ist es gleich, ob diese Personen tatsächlich in unsere Gegenwart gehören oder schon tot sind. Ihre Macht über uns kann auch nach ihrem Tod bestehen bleiben, und wir können unwissentlich die Programme ausführen, die sie zu irgendeinem Zeitpunkt in uns installiert haben.

Oder die Gesellschaft übt Druck auf uns aus, auch ganz ohne konkrete Person, und bestimmt, wie wir als Mädchen oder als Junge zu sein haben, als Frau oder Mann. Wie wir unsere Rollen in der Gesellschaft spielen sollen – und das oft, um die Bedürfnisse und Erwartungen anderer zu erfüllen und nicht unsere eigenen.

Selbstermächtigung heißt, dass wir genauer hinschauen und erkennen, wer eigentlich die Fäden in unserem Leben in der Hand hält – und diese dann in die eigenen Hände nehmen. Damit wir das schaffen, müssen wir wieder lernen, unsere Gefühle wahrzunehmen und ihnen auch zu vertrauen, denn der Verstand ist leicht zu manipulieren. Das, was unter logischen Gesichtspunkten richtig aussieht, muss auf der Gefühlsebene noch lange nicht stimmen.

Wenn Sie selbst die Macht über Ihr Leben ergreifen, hat das nichts mit Egotrip und Rücksichtslosigkeit zu tun, sondern Sie nehmen ein Naturrecht wahr, dass Ihnen nicht nur als Recht, sondern auch als Auftrag mit auf den Weg gegeben worden ist.

Was ist materielle Selbstermächtigung (MSE)?

Materielle Selbstermächtigung (MSE) ist ein von mir, Beate Kuby, geschaffener Begriff. Er bezeichnet den Prozess der Ablösung und Transformation erlernter Glaubensmuster, Denk- und Verhaltensweisen, die sich auf materielle Abhängigkeit beziehen. MSE nach Kuby ist ein Mittel zur Selbsthilfe.

Alle Menschen, die sich ein friedliches Dasein im Einklang mit der Schöpfung und mit der Erde wünschen, sollten materiell unabhängig sein.

MSE bezieht sich nur auf die Selbstermächtigung, das heißt die Ermächtigung der eigenen Person. Das Wissen sollte an andere weitergegeben, aber nie für andere angewendet werden. MSE ist ein Mittel zur Selbsthilfe.

MSE ist eine Art Ernährungsumstellung. Weg von den schlechten Gewohnheiten hin zu einer gesunden Existenz. Sie bleiben gesund, wenn Sie die neue, maßgeschneiderte »Ernährung« vollkommen selbstverständlich an den Platz der vorangegangenen »Mangelernährung« treten lassen.

Jetzt wissen Sie, was Ihnen guttut und Sie unabhängig macht. Jeden Tag entscheiden Sie sich neu für ein selbstbestimmtes, erfülltes Dasein.

MSE ist kein Werkzeug zur Manipulation, zum Machtmissbrauch oder zur Bereicherung auf Kosten anderer. MSE gehört keiner Glaubensrichtung an.

Wer kann MSE nutzen?

Jeder, der sich aus der materiellen und der damit einhergehenden Abhängigkeit von anderen Menschen befreien will. Jeder, der selbst über seinen Wert bestimmen will. Alle, die zu ihrem wahren Wesen und ihrem wahren Auftrag zurückfinden wollen. Die materielle Selbstermächtigung gelingt denjenigen, die sich vollkommen ehrlich hinterfragen, ohne Schummelei und Hintertürchen. Wenn Sie daran interessiert sind, empfehle ich die folgende Übung.

Übung zur Ehrlichkeit

Nehmen Sie sich eine kleine Auszeit, in der Sie ungestört sind. Die folgenden Fragen können Sie sich notieren und nach und nach – vor allem ehrlich – beantworten. Einige der Fragen sollten Sie vielleicht mit Menschen, die Sie gut kennen, diskutieren, bevor Sie sie beantworten.

Will ich materiell unabhängig sein?
Warum will ich materiell unabhängig sein?
Will ich materielle Verantwortung übernehmen?
Wen außer mir selbst will ich beeindrucken?
Was bedeuten Geld und Besitz für mich?
Wer bin ich, wenn ich materiell unabhängig bin?
Warum bin ich nicht schon jetzt der-/diejenige, der/die ich sein will?
Welche Ausreden benutze ich, um mich selbst daran zu hindern, materiell unabhängig zu sein?

Wem bin ich etwas schuldig und warum?

Wer ist mir etwas schuldig und warum?

Wem kann ich nicht vergeben?

Wo kann ich mir selbst nicht vergeben?

Was ist mein Ziel?

Habe ich ein Ziel?

Bin ich neidisch und missgünstig? (Mal ganz ehrlich …)

Wie gehe ich mit dem Bezahlen von Rechnungen um?

Welche Ausrede benutze ich, um spät oder nicht zu bezahlen?

Wie (schlecht) verkaufe ich mich bzw. meine Leistung, dass ich so wenig verdiene?

Ist mein Verdienst meiner tatsächlichen Leistung angemessen?

Glaube ich an das, was ich tue?

Glaube ich an mich selbst?

Fühle ich mich wert, ausreichend Geld und Gut zu besitzen?

Gehe ich mit Geld und Besitztum verantwortungsbewusst um?

Stelle ich mich über andere Menschen, und wenn ja, warum?

Bin ich für mich selbst verantwortlich, oder mache ich andere für mich verantwortlich?

Kann und will ich Verantwortung übernehmen?

Kann ich ehrlich hinschauen und das aushalten, oder laufe ich lieber weg?

Stehe ich zu meinem Tun, auch wenn ich mich geirrt habe?

Kann ich Irrtümer zugeben?

Bin ich unehrlich zu mir selbst?

Bin ich unehrlich zu anderen?

Benutze ich Ausreden, und wenn ja, wozu?

Bin ich in irgendeiner Form abhängig?

Wovon oder von wem?

Wenn ja, warum habe ich mich abhängig gemacht?

Was ist mein Vorteil davon, was mein Nachteil?

Will ich unabhängig sein?

Wenn ja, was bin ich bereit, dafür zu tun?

Habe ich ethische und moralische Werte, oder fordere ich sie nur von anderen ein?

Lebe ich meine Werte?

Wenn nicht, warum?

Bin ich käuflich?

Würde ich mich für viel Geld selbst verleugnen?

Wer bin ich, wenn ich arm bin, und wer, wenn ich reich bin?

Bewirkt dies einen Unterschied in meinem Selbstwert, und wenn ja, warum?

Will ich wirklich Veränderung, oder rede ich nur davon?

Fügen Sie für sich ganz persönlich noch ein paar Fragen hinzu. Vielleicht steuern Ihre Freunde und Bekannten noch einige bei, die Ihnen bei der Selbsterkenntnis helfen. Mit jeder Frage lernen Sie sich besser kennen. Ihre ehrliche Selbsteinschätzung wird immer realistischer. Sie werden unabhängiger von den Bewertungen anderer, das bedeutet Freiheit.

Beantworten Sie sich Ihre Fragen in Ihrem persönlichen Zeitrahmen. Loben Sie sich für Ihren Mut zur Ehrlichkeit.

Die beantworteten Fragen zeigen Ihnen Ihre persönlichen »Baustellen« auf und die Positionen, in denen Sie bereits stark und sicher sind. Sehr gut!

Die Werkzeuge von MSE

Imaginationsmethode

Hier arbeiten wir mit der inneren Vorstellungswelt. An diesem Ort ist alles möglich, alles heilbar und umkehrbar. Unsere Ressourcen werden entdeckt und aktiviert. Im geheilten Ursprungszustand sind sie fest in unserem Unterbewusstsein verankert und stehen uns bewusst jederzeit zur Verfügung.

Körperübungen

In unseren Körperzellen sind seit unserer Entstehung alle unser(e) Leben betreffenden Informationen und Erlebnisse abgespeichert wie in einer großen Bibliothek. Körperübungen helfen uns, Informationen abzurufen und in die eigene Mitte zu kommen. Die tiefe ruhige Atmung spielt hierbei eine wichtige Rolle.

Energetische Übungen

Alles ist Energie. Unser Körper ist Energie, Materie in jeder Form ist Energie. Wir senden Energie aus und empfangen Energie. Nur so ist das Leben möglich. Energie transportiert Informationen und versendet sie. Wenn wir uns dessen bewusst sind, können wir Energie in eigener Sache positiv und zielgerichtet einsetzen.

Bildliches Gestalten

Bilder sind die Ursprache der Seele. Bereits im Mutterbauch träumen wir in Bildern. Das Bildnerische ist eine weltweite gemeinsame Sprache, die überall verstanden wird. Aus dem Bild entstand die Schrift.

Bildnerische Aussagen haben eine enorme Kraft, sie sind pure Essenz. Sie machen unser Inneres sichtbar und zeigen uns unsere Bedürfnisse. Niemand hat das Recht, unsere Ursprache zu benoten.

Experimentelle systemische Aufstellungsarbeit nach Kuby

Wir wissen es, in den Religionen und der Wissenschaft wusste man es auch, lange bevor es das Internet gab: Wir sind ein System! Alles ist mit allem verbunden. Das heißt: Wir sind nie allein, sondern immer all-eins. Wir haben einen festen, sinnvollen Platz im Universum.

Es kann sein, dass wir das als Mitglieder der modernen Konsumgesellschaften nur noch am Rande wahrnehmen. Hieraus resultiert dann das Gefühl der Isolation, der Sinnlosigkeit, des Burn-outs, der Aggression und der Depression etc. Nirgendwo entwickelten sich daraus so viele Symptome (Krankheiten) wie in den sogenannten reichen Ländern.

In der systemischen Aufstellungsarbeit binden Sie sich wieder an und lernen, wieder dazuzugehören. Ihr eigenes Bewusstsein wird gestärkt, Sie finden Ihren Platz. Sie übernehmen nichts mehr von anderen, um gesehen zu werden. Sie sind selbst für sich und Ihr Leben verantwortlich, wie jeder von uns.

Sie haben das Recht dazuzugehören,
ohne Bedingung und ohne Preis.

Von der Beziehung zum Geld

Geld – nur ein Zahlungsmittel?

Geld ist keine Person, auch wenn es oft personifiziert wird. Geld will Ihnen weder schaden noch nützen, und Geld hat auch keinen eigenen Willen. Sie selbst geben dem Geld einen Wert. Sie selbst setzen es ein oder eben auch nicht. Geld ist einfach nur ein Tauschmittel für Leistungen jeder Art. Und es funktioniert nur, wenn alle mitmachen. Sie selbst bestimmen, ob Sie etwas haben, was gegen Geld einzutauschen ist. Wie hoch der Geldwert dessen ist, was Sie veräußern, hängt von Ihrem Verhandlungstalent und Ihren Fähigkeiten ab.

Machen Sie sich einmal eine Liste, welche Bedeutungen Sie dem Geld in Ihrem Leben geben.

Überlegen Sie sich nun, ob Sie den angestrebten Zustand, nur den Zustand, auch ohne Geld haben könnten. Wenn nicht, überlegen Sie sich, warum Sie Geld zwischen sich und den erwünschten Zustand stellen. Halten Sie sich mit dem Verlangen, erst das Geld und dann den erwünschten Zustand zu haben, jetzt von etwas ab? Wenn ja, was ist das? Wenn ja, warum?

Durchforsten Sie einmal die Übungen in diesem Buch. Vielleicht ist eine dabei, die Ihnen hilft, jetzt in den guten Zustand zu gelangen.
Viel Erfolg!

Sie leben jetzt, schieben Sie es nicht auf!

Aus der Praxis:

Das personifizierte Geld

Meine geschätzte Kollegin Melanie M., hochkompetent und dynamisch, kam eines Tages mit fliegenden Haaren und langen Schritten völlig außer sich zu mir in die Praxis.

Sie sagte:»Du kannst es dir nicht vorstellen, ich sehe wirklich nicht so aus, und ihr wisst es alle nicht, aber ich bin gar nicht die toughe Geschäftsfrau, sondern habe ganz viel Angst vor allem, was mit Geld zu tun hat. Ich habe immer gerade so viel, dass ich mich gut präsentieren kann, aber es bleibt nie etwas zu meiner eigenen Sicherheit davon übrig. Ich werde auch älter, und allmählich mache ich mir ernsthafte Sorgen um mein weiteres Überleben.«

Ich nahm ihr mit einer Energieübung erst einmal all den Alltagsstress von Körper und Seele. Anschließend bat ich Melanie, mir ihre Beziehung zum Geld zu beschreiben.

Sie antwortete:»Ja, das ist tatsächlich wie eine Beziehung. Ich muss mich furchtbar anstrengen, um vom Geld gesehen zu werden. Ich darf mich nur von meiner besten Seite zeigen. Wenn ich mit meiner Aufmerksamkeit und Energie nachlasse, fühle ich, wie sich eine Klappe in meinem Unterdeck öffnet und alles ins Meer entlädt, was ich an guten Waren in meinem Schiffsbauch habe. Regelmäßig bekomme ich dann auch schreckliche Verdauungsbeschwerden. Dieses Geld nimmt einen so wichtigen Raum in meinem Leben ein, dass es schon fast lächerlich ist. Wenn das Geld nicht bei mir bleibt, fühle ich mich vollkommen verlassen und habe dann auch regelmäßig Fressattacken.«

Ich bat Melanie, sich hinzulegen und ihr Angst-/Panik-/Verlassenheitsgefühl in der geführten Leichthypnose auf die innere Reise mitzunehmen. Wir rollten ihren Lebensweg rückwärts auf, hin zu dem Punkt, an dem dieses Gefühl das erste Mal auftauchte. Interessanterweise, und wie so oft, ließ sich dieser Punkt in ihrer ganz frühen Biografie finden.

Zu ihrer Herkunftsfamilie befragt, berichtete Melanie mir, dass die Eltern, damals beide Anfang 20 und noch Studenten, »aus Versehen« schwanger wurden. Nach einigem Ringen beschlossen die jungen Leute, ihr Kind zu bekommen. Das war der Bruder von Melanie. Hinter ihm und im Ultraschall nicht sichtbar, verbarg sich Melanie, seine Zwillingsschwester. Bei der Geburt kam auch Melanie ungeplant eine halbe Stunde später auf die Welt. Sie wog nur knapp die Hälfte von dem Gewicht ihres Bruders Georg und kam sofort in den Brutkasten. Dort war sie sehr einsam und verlassen, denn ihre Familie musste erst den Schock verdauen, urplötzlich zu einem zweiten Kind gekommen zu sein.

Wir gingen in der Hypnose in die Tiefe, und Melanie versetzte sich in das kleine Menschlein von damals hinein. Sie versuchte, aus den kurzen Besuchen ihrer Mutter alles herauszuholen, was nur ging, und setzte alles daran, sich auf irgendeine Art bemerkbar zu machen. Sie wurde nicht gestillt, weil sie als Frühchen zu wenig Kraft zum Saugen hatte. Ihre Nahrung konnte sie nicht schmecken und genießen, weil sie ihr per Magensonde zugeführt wurde. Melanie kämpfte verbissen um ihr Leben, weil sie unbedingt zu ihrer Mutter wollte.

Als sie schließlich nach Hause geholt wurde, tauchte sie in das chaotische Studentenleben ein, in dem die Eltern selbst noch keinen Plan hatten, wie sie alles unter einen Hut kriegen sollten. Ihr Bruder hatte schon seinen Platz in der Familie, weil er von Geburt an dort sein durfte. Melanie hingegen kam acht Wochen später dazu und musste immer wieder kämpfen, um auch gesehen zu werden, auch einen Platz zu haben, nicht durch die Maschen zu fallen. Sie zeigte früh Leistung, mutete sich anderen nicht zu, nahm wenig Aufmerksamkeit in Anspruch und war sehr selbstständig. Ein tiefes Gefühl, nicht selbstverständlich das Recht zu haben, dazuzugehören, und das Bemühen, möglichst wenig Kosten und Umstände im kargen Haushalt der Studenten zu verursachen, gruben sich in ihr Selbstbild und Verhalten ein.

Ich holte Melanie aus der Hypnose zurück. Wir erörterten, was Geld für sie mit Versorgung, Nahrung und Sicherheit zu tun hat. Plötzlich sprang sie auf, schlug sich die Hand vor die Stirn, schüttelte ihre wilden Locken und umarmte mich stürmisch:»Mensch, natürlich! Ich habe das Geld personifiziert. Ich habe das Geld behandelt, als sei es meine Eltern, von denen ich nicht das Recht habe, mich zu nähren, weil ich mich ja quasi eingeschlichen habe.«

»Ich gratuliere dir zu dieser Erkenntnis«, sagte ich, und wir gingen in die Auflösung dieser Prägung. Ich stellte sie im Geiste ihren Eltern gegenüber, auch ihr Bruder war dabei. Sie bat ihre Familie um Aufnahme und Zugehörigkeit und berichtete, wie sehr sie darunter gelitten habe, das fünfte Rad am Wagen zu sein. Und wie anstrengend das ihr Leben lang gewesen sei. Alle drei Mitglieder ihrer Familie öffneten die Arme und riefen:»Aber wir lieben dich doch! Du gehörst zu uns, ohne Bedingung und ohne Preis.«

Melanie nahm diese Information ganz tief in ihr Herz und in ihren Bauch auf. Sie begann zu strahlen, und wenn sie hätte schnurren können, hätte sie es getan. Ich forderte sie auf, sich innerlich nicht in Opposition, sondern in den Kreis ihrer Familie zu stellen, dort ihren Platz einzunehmen und zu sagen:»Ich, Melanie, gehöre dazu, ohne Bedingung und ohne Preis. Und ich nehme dieses Recht jetzt an.«

In der Folge breitete sich nachhaltig ein neues Lebensgefühl in Melanie aus. Es erstreckte sich in alle Lebensbereiche.

Nach unserer Verabschiedung in meiner Praxis hörte ich ein Dreivierteljahr nichts mehr von Melanie und bangte schon, ob ihr unsere Sitzung etwas gebracht habe. Plötzlich stand sie kurz vor Weihnachten wieder bei mir in der Praxis und schenkte mir eine wunderschöne Kette.

»Liebe Beate, es ist so viel passiert. Dadurch, dass ich endlich dazugehöre, gehöre ich jetzt überall dazu. Ich habe gemerkt, dass ich mich genauso wie mein Bruder von der Liebe und Zuneigung meiner Eltern nähren darf. Das Geld bleibt jetzt endlich bei mir. Ich fühle mich jetzt sicher, und meine Verdauungsprobleme sind wie weggeblasen. Ich habe erst jetzt realisiert, dass dies nicht nur ein vorübergehender Zustand ist, sondern nun so bleibt. Geld ist wieder nur Geld für mich. Und Beziehungen sind Beziehungen.«

Wie schön, dass sie mir diese Rückmeldung zu unserer Arbeit gegeben hat!

Große Übung »Mangel und Fülle«

Material:
Eieruhr, 2 Blatt Papier, Farben, Stifte

Stellen Sie sich bequem hin, die Zehenspitzen leicht nach innen, das Becken etwas nach vorne gekippt, die Knie leicht gebeugt. Nun heben Sie Ihre Schultern und lassen Ihre Arme gerade nach unten fallen. Stehen Sie ganz bequem, und atmen Sie in Ihren Bauch, Ihre Körpermitte. Fühlen Sie Ihre Hände, Ihre Handinnenflächen. Drehen Sie Ihre Handinnenflächen nach oben, sodass Sie sie betrachten können. Bestimmen Sie nun, welche Hand jetzt Ihre »Fülle« und welche Hand Ihren »Mangel« trägt.

Stellen Sie eine Eieruhr auf drei Minuten ein. Tun Sie in diesen drei Minuten Folgendes: Schließen Sie die Augen, und konzentrieren Sie sich auf Ihre Hände. Alle Gedanken und Gefühle, die jetzt zu den Themen Mangel und Fülle zu Ihnen kommen: Geben Sie sie in die jeweilige Hand. Ihre Hände können sich dabei heben und senken wie zwei Waagschalen. Beim Klingelton beenden Sie die Übung.

Nach dem Klingelton nehmen Sie bitte wahr, wie voll oder leer Ihre Hände sind. Halten sich Fülle und Mangel die Waage? Trägt eine Hand mehr? Welche ist das? Atmen Sie tief ein und aus.

Gehen Sie nun zu Ihren zwei Papierblättern und den Farben. Leeren Sie jetzt die Hand, die den Mangel trägt, über dem einen Blatt Papier symbolisch aus. Verfahren Sie genauso mit der Hand, die die Fülle trägt, auf dem anderen Blatt Papier.

Beginnen Sie, Fülle und Mangel zu malen, jedes auf sein Blatt, vermischen Sie nichts. Malen Sie gerade am Blatt »Fülle«, und es kommen »Mangelgedanken«, dann malen Sie auf dem Blatt »Mangel« weiter und umgekehrt. Lassen Sie sich höchstens zehn Minuten Zeit, brechen Sie dann ab.

Betrachten und vergleichen Sie Ihre Bilder. Versuchen Sie, Wertungen zu vermeiden. Suchen Sie einen Platz für die Bilder, wo Sie sie häufig sehen. Lassen Sie die Bilder nun so lange wirken, wie Sie es brauchen. Setzen Sie sich mit den Bildern auseinander. Unterhalten Sie sich mit ihnen. Achten Sie auf Ihre Träume und auf das, was tagsüber mit Ihnen geschieht.

Wenn Sie spüren, dass es Zeit zum Weitermachen ist, kommt die Folgeübung.

Folgeübung

Sie nehmen beide Bilder und legen sie an einen Ort Ihrer Wahl. Setzen Sie sich auf Ihr Bild der Fülle. Fühlen Sie die heilenden Ich-bin-Botschaften der Fülle in sich aufsteigen. Sprechen Sie sie laut und klar mehrmals aus. (Zum Beispiel:»Ich bin geliebt und geachtet, so wie ich bin«,»Ich bin frei und gesehen« usw.) Klopfen Sie sich dabei anerkennend auf die Brust. Notieren Sie die Sätze auf der Rückseite Ihres Bildes der Fülle. Machen Sie eine kleine Pause. Nehmen Sie jetzt Ihr Bild des Mangels. Setzen Sie sich, und fühlen Sie auch hier die »Mangelsätze«. Sprechen Sie sie in der Ich-bin-Form laut aus. (Zum Beispiel:»Ich bin nichts … wertlos … ungeliebt …« etc.)

Stehen Sie nun auf, und notieren Sie die Sätze auf der Rückseite Ihres Bildes. Machen Sie eine kleine Pause. Atmen Sie tief ein und aus. Sehen Sie sich die Ich-bin-Sätze an. Spüren Sie, zu welchen Menschen in Ihrer Vergangenheit sie gehören. Von wem haben

Sie sie übernommen? Machen Sie eine kleine Pause. Reihen Sie nun die Menschen Ihrer Vergangenheit Ihnen gegenüber im Geiste auf. Treten Sie vor den Ersten, dessen Glaubenssatz Sie übernommen haben. Legen Sie Ihre Hände auf Ihr Herz, und sagen Sie:»An dich … (Name der Person): Ich habe den Glaubenssatz … für dich getragen. Ich habe es aus Liebe getan und damit du mich siehst. Er ist mir viel zu schwer. Ich gebe ihn dir jetzt zurück. Du wächst daran. Er gehört dir. Ich bin ich, und du bist du. Ich entbinde uns jetzt von allem, was weniger ist als Liebe. Wir sind frei, und jeder hat seinen eigenen Weg.« Machen Sie eine kleine Verbeugung, und lassen Sie die Person »verpuffen«.

Spüren Sie nach. Was ist das positive Gegenteil dieses Glaubenssatzes? (Erlösungssatz) (Zum Beispiel:»Ich bin hässlich« wurde zurückgegeben. Der Erlösungssatz lautet:»Ich bin wunderschön, innen und außen.«) Sagen Sie den Erlösungssatz klar und deutlich mehrmals, bis Sie ihn deutlich fühlen. Lassen Sie ihn wirken, und klopfen Sie sich anerkennend auf die Brust. Machen Sie eine kleine Pause.

Verfahren Sie nun mit dem nächsten Glaubenssatz der nächsten Person Ihrer Vergangenheit ebenso und so fort. Machen Sie eine kleine Pause.

Wie fühlen Sie sich jetzt? Notieren Sie dieses Gefühl als Ich-bin-Satz hinten auf Ihr Bild der Fülle und alle Erlösungssätze dazu. Lesen Sie alle diese Sätze noch einmal durch. Wie fühlen Sie sich?

Suchen Sie für Ihr Bild der Fülle einen guten, sicheren Platz, wo Sie es immer sehen können. Lassen Sie es von keinem bewerten oder kommentieren. Sie wissen, was für Sie darin verborgen ist. Es ist sehr wertvoll für Sie. Drehen Sie es immer wieder um, lesen Sie laut die Sätze darauf, klopfen Sie sich dabei anerkennend auf die Brust. So verankern Sie sie in Ihrem Inneren, sie werden Gewissheit. Sie sind nun in der Lage, danach zu handeln. Wenn Sie ganz bewusst und sicher keinen Vorteil mehr darin sehen, das Bild des Mangels mit seinen unerlösten Botschaften zu behalten, entsorgen Sie es bewusst, gründlich und nachhaltig. Knüpfen Sie keine Emotionen daran.

Durch diese Übung haben Sie nun die geheilte Information in Ihrem Unterbewusstsein verankert. Sie steht Ihnen nun in befreiter Form als Ich-bin-Information zur Verfügung.

Diese Übung können Sie so oft wiederholen, wie Sie wollen. Sie können sich hierbei von einem vertrauten Menschen anleiten lassen oder nach und nach die Schritte aus dem Buch bearbeiten. Viel Erfolg, es funktioniert!

Das gefühlte Geld:
Die Macht der Prägung

Welche Gefühle verbinden Sie mit Geld? Mit welchen Familiensprüchen und Glaubenssätzen sind Sie in puncto Geld aufgewachsen?

Eine dreizehnjährige Klientin, die wegen »pubertären Wellenschlags« bei mir in Beratung ist, kam einmal in meine Praxis und fragte mich: »Was für ein Buch schreibst du gerade? Wovon handelt es?«

Ich antwortete: »Davon, wie wir uns vom Stress im Umgang mit Geld und Materie befreien können. Wie findest du das?«

»Keine Ahnung (gleichbedeutend mit: Ich überlege mal ...) – echt cool, cool das Ding. Wenn ich mir überlege, wie bei uns zu Hause bei diesem Thema immer der Punk abgeht, das ist echt krass für den A...«

Meine junge Klientin war beim Thema Geld emotional sehr betroffen. Sie kam aus einer Mittelschichtsfamilie, hatte noch zwei Geschwister, beide Eltern hatten feste Arbeitsplätze, verdienten gut. Keine Drogen, keine Gewalt in der Familie.

Ich fragte sie: »Was fühlst du, wenn du die Augen schließt und an das Thema Geld und Besitz in deiner Familie denkst?«

Meine Klientin: »Da fühle ich ganz viel Frust, Trauer, Angst, Wut, total viel Emo-Stress, Gezacker (Streit) und Einsamkeit.«

Ich: »Wie würdest du denn einem Wesen aus einer anderen Welt Geld beschreiben?«

Klientin: »Als den größten Blödsinn auf Erden. Geld macht alles und alle kaputt. Geld macht unzufrieden und macht Kriege und Hass auf alles und jeden. Ohne Geld wären wir alle glücklicher.« Ich bekam noch erzählt, wie viele anfangs tolle Gespräche in der Familie im Streit endeten, wenn das Thema Geld ins Spiel kam.

Wie geht es Ihnen damit? Haben Sie dieselben Erfahrungen mit »gefühltem« Geld gemacht wie meine junge Klientin?
Kaum eine andere Sache erzeugt so eindeutige positive oder negative Gefühle wie Geld. Dabei ist Geld an sich neutral. Anscheinend bietet es sich aber exzellent als Container für Gefühle aller Art an.
Wenn Sie ein Geldschein wären: Würden Sie jemanden ansteuern, der so von Ihnen denkt, der so negativ für Sie fühlt? Nein, ganz bestimmt nicht, wenn Sie kein Masochist sind. Sie würden einen Riesenbogen um die betreffende Person machen und dafür sogar einen Umweg in Kauf nehmen.
Sehen Sie? So geht es dem Geld auch. Geld ist Energie. Geld hält sich am liebsten da auf, wo noch mehr davon ist (Wer ist schon gern allein?) und wo es willkommen ist. Es hat keine eigene Intelligenz und keinen eigenen Willen. Es kann nicht entscheiden, in wessen Händen es gut aufgehoben ist und in wessen Händen nicht. Dennoch lenken wir es mental und betrachten es mit unseren Emotionen, die wir daran binden. Geld ist programmierbar.
Unsere Beziehung zum Geld und die damit verbundenen Gefühle werden bereits in unserer Kindheit geprägt. Ist Geld ein häufiges Thema in der Familie? Wenn ja, welche Gefühle nehmen Sie von

den anderen dabei wahr? Welche Gefühle haben Sie dabei von den anderen übernommen? Mit welchen Gefühlen in Bezug auf Geld wollen Sie nichts zu tun haben und binden sich damit unbewusst emotional daran? (Starke Gefühle binden uns immer emotional an das betreffende Thema.)

Auch wenn Sie noch keine Sprache verstanden, als Sie ein Baby waren, konnten Sie doch schon die Gefühle der anderen wahrnehmen und interpretieren. In welchem Zusammenhang und mit welchem Gefühl erinnern Sie sich an die erste Münze, den ersten Geldschein, der in Ihr Bewusstsein kam? Das kann bereits ein prägender Baustein in Ihrer lebenslangen Gefühlsbeziehung zum Geld sein, positiv wie negativ.

Eine Freundin, 52 Jahre alt, erzählte mir, dass in ihrer Kindheit wenig über Geld gesprochen wurde, zumindest vor den Kindern, weil die Eltern das Thema für nicht kindgerecht hielten. Sie spürte aber früh, dass Geld eine sehr ernste Sache war, dass man sparsam damit sein musste und dass man Geld nur mit äußerster Vernunft und für wichtige Dinge ausgeben durfte.

»Am Bahnhof«, erzählte meine Freundin weiter, »gab es damals eine große Modelleisenbahnanlage. Wenn man dort Geld eingeworfen hat, sind die Züge eine Weile gefahren. Fand ich toll! Und einmal, ich war etwa zehn Jahre alt, habe ich eine Mark eingeworfen, von meinem Taschengeld, wohlgemerkt. Aber zu Hause hat meine Mutter Stress gemacht und geschimpft, zehn Pfennig hätten ja wohl auch gereicht. Da habe ich ein ganz schlechtes Gewissen bekommen. Glaub mir, ich kam mir vor, als hätte ich das Familiensilber verschleudert!«

Obwohl sie als Erwachsene über ein gutes Einkommen verfügte, hatte sie immer noch ein schlechtes Gewissen, wenn sie etwas für sich selbst kaufte, was nicht absolut notwendig war. Und was ist schon wirklich notwendig?

Ein weiterer prägender Baustein, der meistens mit einer Wertung verbunden ist, sind die Familiensprüche, die Sie immer wieder gehört haben.

Einige Beispiele, die Ihnen vielleicht bekannt vorkommen werden:

»Geld macht nicht glücklich.«

»Die süßesten Früchte kriegen nur die großen Tiere.«

»Ja, der kann es sich ja leisten.«

»Das können wir uns nicht leisten.«

»Es ist noch kein Reicher in den Himmel gekommen.«

»Immer sind wir die armen Schweine.«

»Verkaufe dich nicht unter Wert!«

»Das ist mir doch zu billig.«

Als Kinder sind wir immer dann, wenn wir im Gefühl sind und die Augen nach oben richten (zu einem Erwachsenen), in einer Kurzhypnose. Unser Filter, der »innere Wächter«, der nur Förderliches in unseren inneren Garten (dort befinden sich unser Ich-Bewusstsein und unsere Ressourcen) einlassen sollte, ist wie gelähmt und lässt jede Information als Ich-Information durch. Im Unterbewusstsein des betreffenden Menschen prägt diese Information dessen Selbstbild, denn an diesem Ort können wir nicht zwischen Wahrheit und Lüge unterscheiden.

Denken Sie nur an Deutschland in der Nazizeit: Wie viele Kinder sind mit dem Blick nach oben und erhobenem Arm aufgewachsen? Immer begleitet von dramatischen Großinszenierungen, die starke Gefühle wachriefen? Das herrschende Regime wusste, dass mit der dadurch ausgelösten Massenhypnose ein Volk beliebig zu lenken war, ohne dass es die Richtung hinterfragte.

Hüten Sie sich und vor allem Ihre Kinder davor, längere Zeit nach oben blicken zu müssen, während fragwürdige Botschaften vermittelt werden. Diese Informationen nisten sich als scheinbare Gewissheiten im Unterbewusstsein ein und werden wie eigene Glaubenssätze behandelt. Durch bestimmte, oftmals bewusst gewählte Szenarien werden diese Glaubenssätze immer wieder aktiv, und man handelt wie ferngesteuert – was man auch ist – danach. Diktaturen, Bühnenredner mit fragwürdigen Botschaften und diverse Glaubenssysteme arbeiten mit diesem Trick, um ihre Schäfchen auf Linie zu bringen.

Ich kann nicht mehr sagen, wie vielen Menschen ich in meiner beruflichen Tätigkeit geholfen habe, diese hartnäckigen Muster mittels erneuter, gezielter Hypnose wieder loszuwerden. Ich könnte diese Arbeit zu meiner einzigen machen und hätte bis an mein Lebensende viel zu tun.

Oft und emotional ausgesprochene Familienweisheiten negativer Art sind wie eine Gehirnwäsche. Sagt zum Beispiel der Vater – von oben herab – immer wieder: »Hast du nix, dann bist du nix, und das wird auch so bleiben!«, dann wird dieser Ausspruch von seinen Kindern als Ich-Botschaft verinnerlicht, das heißt, sie sind für ihr Leben von dem Glaubenssatz geprägt: »Ich habe nichts und bin nichts, und das bleibt so …« Unbewusst betrachten sie ihren Lebensweg als chancenlos und versuchen kraft dieser Überzeugung erst gar nicht, eigene, bessere Wege zu gehen. Das ist der Grund, warum ganze Familien über Generationen hinweg wie duldende Schafe sind, die arm bleiben und an ihrer Situation nichts verändern, nicht einmal dann, wenn sie die konkrete Chance dazu haben.

Also, nix wie raus mit den lähmenden Ich-Botschaften aus Ihrem Unterbewusstsein! Gefahr erkannt, Gefahr gebannt.

Hierzu lege ich Ihnen die Übung »Das Buch der Glaubenssätze« ans Herz, nur Mut! Sie finden die Übung auf Seite 196.

Materialisation:
Wünsche werden wahr

Etwas, das wir ernsthaft mental und emotional materialisieren, kommt auch wie bestellt zu uns. Es ist aber wie ein Kind, das genährt und versorgt werden will. Ich bin dafür verantwortlich, kann es nicht einfach zurückgeben.

Bin ich hierzu bereit? Dann bin ich ermächtigt, in eigener Verantwortung zu materialisieren. Auch wenn ich in diesem Bewusstsein nur die durchdachte Idee liefere, werde ich immer Menschen finden, die gut materialisieren können. Zusammen setzen wir die Idee in die Tat um.

Nun sollten wir das Projekt nähren und immer einen Folgeplan haben. Unser Kind will laufen lernen und sich weiterentwickeln. Sonst wird es ihm schnell zu langweilig, und es wendet sich anderen Quellen zu. Hören Sie Ihrem Kind zu, lernen Sie, mit ihm zu sprechen. Verständigen Sie sich über Ihre Bedürfnisse und wie sie erfüllt werden können. So wird aus einem (kindlichen) Pflänzchen ein starker Baum, der reiche Früchte trägt.

Wenn Sie etwas materialisieren wollen, seien Sie sich ganz sicher, dass Sie die nötige »Power« dazu besitzen. Werden Sie sich darüber klar, ob Sie das, was Sie sich wünschen, auch wirklich haben wollen. Sie sollten einen Plan haben, wie Sie vorgehen, wenn das, was Sie sich gewünscht haben, Form annimmt. Ich kenne viele Menschen in meiner Umgebung, die dann erschrocken die Tür wieder zuschlagen, weil der Versuch funktioniert hat. Sie haben

alle keinen Plan nach dem Plan. Der aber gehört unbedingt dazu
und der übernächste Plan auch …
Sie sind es wert, dass sich Ihre Wünsche erfüllen, und Sie haben
die Kompetenz, sie sich im Hier und Jetzt zu verwirklichen.

Glauben Sie an sich und Ihre unendlichen Möglichkeiten!

Ich erlebe viele Menschen, die bei mir ein Coaching zum Thema
Verbindlichkeit, Verantwortlichkeit und zur beharrlichen Durch-
führung und Nährung ihres Projektes wünschen. Diese Menschen
wünschen sich etwas und stellen innerlich und äußerlich alles bereit, so gut und bedacht wie möglich. Erfüllt sich dann ihr Vorhaben, sind sie erst einmal überwältigt und auch erschrocken, denn
nun wird es verbindlich, sie gehen in Beziehung und tragen Verantwortung. Das wollen viele dann doch wieder nicht oder noch
nicht jetzt, und so ersticken sie ihr Vorhaben im Keim. »Die ich
rief, die Geister, werd ich nun nicht los.« Diese Dynamik, die wir
aus Goethes »Der Zauberlehrling«* kennen, verhindert unglaublich
viele Projekte in der Materialisation.
Wie der Heizer in einer Dampflokomotive müssen wir bereit sein,
mit großem Einsatz unser Projekt zum Ziel zu bringen. Sehen andere unseren Einsatz und können sich vorstellen, dass unsere Materialisation gelingt, erhalten wir bald Unterstützung. Haben wir
diese, können wir das Lokomotive-Heizen in gute, verlässliche

---

*   Goethe, Johann Wolfgang von: *Der Zauberlehrling*, aus: G*oethes Werke.*
     Vollständige Ausgabe letzter Hand, Erster Band, S. 217–220, Entste-
     hungsdatum: 1797, Erscheinungsdatum: 1827, Verlag: J. G. Cotta'sche
     Buchhandlung, Stuttgart und Tübingen

Hände abgeben und uns der Erweiterung der Fahrtroute zuwenden. Unterwegs sollten wir immer über genug Ressourcen verfügen und lieber einmal langsamer vorankommen, aber dafür auch ankommen. Falscher Ehrgeiz und Ungeduld sind Ihre Feinde auf dem Weg.

Seien Sie sich immer bewusst, dass Sie selbst das Projekt ins Leben gerufen haben und ihm ein Gesicht geben. Neugier, Mut und Selbstvertrauen sind Ihre Weggefährten. Wenn sie sich einmal entfernen, gehen Sie sie suchen, und sorgen Sie dafür, dass sie auch in schwierigen Zeiten bei Ihnen bleiben. Blicken Sie in regelmäßigen Abständen zurück. Loben Sie sich für das Erreichte. Korrigieren Sie Ihren Weg, falls Sie abgewichen sind. So behält Ihre Materialisation die Form, die Sie wünschen.

Macht Ihnen Ihr Projekt Freude – egal, was es ist –, zieht es magnetisch andere Menschen an. Nun ist es an Ihnen, Ihr Projekt mit Partnern zu erweitern oder es in neue Hände zu geben.

Materielle Kompensation: Geld statt Mitgefühl

»Mit Geld kann man keine Liebe kaufen.«
Wer kennt diese Redewendung nicht? Leider und immer häufiger ersetzen wir in unserer Gesellschaft Wertschätzung und Gefühle durch materielle Zuwendung. Gefühle werden nicht mehr als überlebenswichtig gehandelt. Sie sind überflüssig und etwas für Schwächlinge. Gefühle lassen harte, rationale, gnadenlose Geschäftsentscheidungen eventuell kippen. »Im Zweifelsfall immer für das Unternehmen«, lautet die Devise. Menschlichkeit und Mitgefühl stören das Geschäft, denn »Zeit ist Geld«.

Gefühle zu leben und in Beziehung zu gehen ist der wahre Luxus, der echte Erfüllung bringt.

Er kostet lediglich den Mut, sich einzulassen. Viele trauen sich mangels Übung und aus Angst, den Anschluss zu verlieren, nicht mehr, diesen Luxus zu leben. Menschen werden wie Schachfiguren eingesetzt und herumgeschoben. Hauptsache, sie nützen dem Geschäft. Für diesen Mangel an Zuwendung über Gefühle ist der Begriff der Luxusverwahrlosung entstanden. Das bedeutet, ein Mensch hat materiell alles und bekommt alles, was er braucht – außer Zeit und menschlicher Zuwendung.
Gerade die Kinder der Wohlhabenden werden wegen des Luxus, in dem sie leben, oft beneidet und gemobbt. Häufig werden sie

von den Eltern, die anderen Verpflichtungen nachgehen, »weg-organisiert«. Von Kurs zu Kurs rasend, völlig ohne Sinn und Verstand, haben sie somit oft einen längeren Arbeitstag als ihre Eltern. Auf diese Weise fehlt die Zeit, das Erlernte auszuwerten und zu verdauen.

Durch die permanente Reizüberflutung heutzutage entsteht ein Burn-out in immer jüngeren Jahren. Wenn es den Kindern reicher Leute einmal schlecht geht, ernten sie Häme und kein Mitgefühl. Da heißt es: »Der hat doch alles, was kann es dem schon schlecht gehen?« Dass auch diese Menschen oft emotional völlig im Stich gelassen werden, nur als Vorzeigepüppchen, dressierter Affe oder Leistungsträger in der eigenen Familie funktionieren müssen, sieht keiner. Sie können sich an niemanden mit ihrem »Luxusproblem« wenden, weil sie allgemein eher beneidet werden. Das macht noch einsamer. Die Betroffenen zweifeln an ihrer eigenen Wahrnehmung und leiden isoliert ohne Hilfe vor sich hin. Oft kommen als Trostspender dann Drogen und falsche Freunde ins Spiel. Sind diese Kinder nicht mehr »vorzeigbar«, werden Sie schnell aus dem Familiensystem ausgeschlossen. Ein hoher Anteil der Menschen, die auf der Straße leben, hatte einmal ein begütertes Leben.

Liebe Leserin, lieber Leser dieses Buches, egal in welcher Schieflage Sie sich befinden, Mitgefühl und Liebe sind das universelle Allheilmittel für alle Beschwerden. Kostenfrei Gott sei Dank noch bei so mancher »menschlichen Apotheke« zu haben.

Mitgefühl ist besser als Mitleid

Wenn wir uns den ganzen Tag nicht wirklich mit Menschen beschäftigen, wie wollen wir dann Mitgefühl erlernen? Mitgefühl ist die Voraussetzung für Liebe. Liebe geben und nehmen können beginnt mit dem Mitgefühl, dem Mitfühlen mit einem anderen Wesen. So geraten wir in die gleiche Schwingung – in Resonanz – und sind in der Lage, Gefühle auszutauschen.

Aus Furcht vor negativem, unerlöstem Gefühlsaustausch versperren wir uns, ziehen uns zurück in virtuelle, technische und logische Welten. Doch das, was es auf der Erde als größtes Geschenk kostenlos gibt, was den Sinn des Lebens ausmacht, wonach wir alle suchen, bleibt auf der Strecke:

Die Liebe

Ohne Liebe hat unser Leben keinen Sinn, das weiß auch der größte Zyniker. Mitgefühl hat aber nichts mit Mitleid zu tun. Wie schon das Wort Mitleid sagt, entschließen wir uns hierbei, mit einem anderen Wesen zu leiden, warum auch immer. Meistens werfen wir das dieser Person später vor, denn sie ließ uns mitleiden. Was ist passiert?

Es leidet nicht einer, sondern schon zwei, bald kommen mehr dazu, und man befindet sich in »guter«, zahlreicher Gesellschaft. Im Leid vereint! Das Mitleid aber vergrößert das Leid, wir füttern es mit unserer Energie. Durch die Konzentration auf das Leid schaffen wir zwar Gemeinsamkeit, finden aber keine Lösung. Wir haben die Metaebene aus dem Blick, den Überblick verloren und geraten selbst in Verzweiflung – die Wurzel aller schlechten Taten.

Mitgefühl hingegen bedeutet: Ich fühle mich in den anderen hinein, erlebe die Welt durch sein Herz und seine Augen. Ein heiliger Moment, den mir mein Gegenüber gewährt.

Die Grundlage ist Vertrauen.

Nun erst bin ich in der Lage, den anderen aus seiner Perspektive zu verstehen. Ganz schnell erfahre ich nun, dass im Grunde alle recht haben. Es kommt auf den Blickwinkel an – wenn ich diesen respektiere und dem anderen auch meine Sicht des Lebens über das Mitfühlen vermitteln kann, entsteht trotz aller Unterschiede Vertrauen: die Grundlage für gelebte Liebe.

Das schlimmste aller Übel ist die Abwesenheit von Liebe.

Das zweitschlimmste Übel ist die Abwesenheit von Bewusstsein.

Das drittschlimmste ist die Abwesenheit von guten, klaren Zielen.

Die Kraft von Mitgefühl und Liebe verändert Welten.

Der Schlüssel liegt in unserer Hand. Lernen wir Mitgefühl, dann kommt die Liebe ganz von selbst in unser Haus, in unser Herz, in unser Leben, bereichert uns, macht uns reich.

Ein Mensch, so unbedeutend er auch erscheinen mag, dem Sie einen Augenblick des Mitgefühls geschenkt haben, wird sich an Sie erinnern. Vielleicht rettet er einmal Ihr Leben.

Vom sinnvollen Umgang mit Reichtum

Sie sollten in Ihren persönlichen Reichtum hineinwachsen, das heißt in Ihrem eigenen Tempo ein Gefühl für sich selbst und Ihren Reichtum entwickeln und damit wie mit einem Partner leben lernen. Wichtig zu beachten ist hierbei das Gesetz von Geben und Nehmen.

Die Familien, die mit gesunder Substanz, also mit ehrlich und vorausschauend geschaffenem und erhaltenem Reichtum, seit Generationen wohlhabend sind, lassen ihre Kinder ohne große Privilegien und gepaart mit einer disziplinierten Erziehung mit dem Erlernen sozialer Kompetenz und Eigenverantwortlichkeit groß werden. Erst dann wird den Erben der Reichtum der Familie und die damit verbundene Verantwortung (zum Beispiel für Arbeitnehmer) Schritt für Schritt übergeben und der Gedanke vermittelt, für Generationen zu planen und vorauszudenken.

Wer diese Vorbereitung und Erziehung nicht genießt, kann von vornherein oft keine Verantwortung übernehmen. Er ist lediglich Erbe und verjubelt mit falschen Freunden das Vermögen, das andere vorausschauend geschaffen haben.

So ist es auch zu erklären, dass manche Lottomillionäre binnen kürzester Zeit wieder so arm sind wie vorher, weil sie nicht umsichtig in den Reichtum hineingewachsen sind und somit keinen Plan haben, wie damit umzugehen ist. Wie gewonnen, so zerronnen …

Mit dem Reichtum ist es wie mit dem Gewichtheben. Ein gut trainierter Mensch, der motiviert und gesund ist, ist in der Lage, ein

Mehrfaches seines eigenen Gewichts zu stemmen. Er wird nicht gleich mit den großen Gewichten beginnen, sondern mit den handlichen, kleineren. So garantiert er sich Erfolg, Freude und Motivation beim Tun, erwirbt Vertrauen in die eigenen Fähigkeiten (Selbstvertrauen) und lernt, sich und seine Grenzen einzuschätzen. So wächst er an seinen Aufgaben im eigenen Tempo. Hat er sein persönlich befriedigendes Wohlfühllimit erreicht, sollte er sein Niveau halten, was ebenfalls viel Umsicht erfordert.

Beständiger Reichtum muss aufgebaut und gehalten werden. Wer das zuverlässig schafft, kann seine Ethik und Moral erweitern und Projekte und Menschen unterstützen, die auch materiell wachsen und unabhängig werden wollen. Er kann sein Wissen weitergeben und soziale Projekte unterstützen.

Wenn Sie wohlhabend sind, geben Sie Ihren »Zehnten«, das heißt nach Abzug der Steuern zehn Prozent Ihres Gewinns, an wohltätige Zwecke. Ihre Großzügigkeit zeigt Ihnen und anderen, dass Sie im Überfluss leben und abgeben können. Zu Ihnen kehrt das Geld gern zurück. Es liebt Wohltätigkeit und Bewegung, wenn Sie es mit diesem Bewusstsein prägen. Wer liebt nicht gute Energie? So stabilisieren Sie Ihren Selbstwert und Ihre Selbstachtung.

Nutzen Sie Ihren Reichtum dafür, dem Leben einen Sinn zu geben.

Jeder Mensch will etwas Sinnhaftes im Leben tun.

Einen persönlichen Sinn im Leben zu finden steht bei Umfragen auf der Liste der Lebensprioritäten ganz oben.

Die persönliche Definition
von Reichtum

Es gibt weltweit zahlreiche Untersuchungen, die sich mit diesem Thema aus allen Blickwinkeln beschäftigen. Eines kommt immer wieder bei diesen Untersuchungen heraus:

Reichtum ist relativ und nur individuell definierbar.

Was meint Reichtum für Sie persönlich? Für mich bedeutet Reichtum die Möglichkeit, mich mit all meinen Facetten mitteilen zu dürfen. Für mich bedeutet Reichtum, mit Gleichgesinnten zu teilen und zusammen etwas Sinnvolles, Größeres entstehen zu lassen, das allen zugutekommt. Reichtum bedeutet für mich, auch in der Materie, die Mittel hierzu zur Verfügung zu haben. Besitz bedeutet für mich nicht gleich Reichtum. Zu viel Besitz ist für mich Ballast, frisst Energie, macht mich abhängig und unfrei. Reichtum bedeutet für mich ein buntes, vielfältiges, unabhängiges Leben.
Was bedeutet Reichtum wirklich für Sie? Welche wahren Bedürfnisse stecken hinter Ihren Wünschen? Wie erkennen und erfüllen Sie sich diese?

Gelangen Sie zuerst in Ihren inneren Reichtum.

Erschließen Sie Ihre Ressourcen durch bewusste Arbeit an sich selbst und Ihrer Lebenssituation. Setzen Sie dann Ihre Ressourcen sinnvoll ein, um Ihre persönlichen Ziele zu erreichen. Dazu so viel Materialisation, wie nötig und förderlich ist, die Sie aber nicht belastet oder behindert. Ein hoher ethischer und moralischer Ansatz ist selbstverständlich bei aller Materialisation einzuhalten. Der Bumerangeffekt lässt sonst nicht lange auf sich warten: »Was du nicht willst, das man dir tu', das füg' auch keinem anderen zu.« Ich empfehle Ihnen, eine persönliche Wunschliste »Reichtum« anzulegen.

Übung: Wunschliste »Reichtum«

Legen Sie sich eine persönliche Wunschliste »Reichtum« an. Spüren Sie nun in sich hinein: Wer bin ich, wenn ich das alles habe? Kann und will ich die Verantwortung dafür übernehmen?

Beispiel: Ich will eine Insel.
Bin ich bereit, das Ökosystem dort zu schützen? Kann und will ich die Leute, die alles versorgen sollen, schulen, bei Laune halten und gut bezahlen? Wie oft habe ich Zeit, dort zu sein? Bindet mich dieser Ort, fühle ich mich verpflichtet hinzufahren, obwohl ich im Urlaub auch etwas Neues kennenlernen möchte? Diese Insel kostet mich für das Vergnügen, sie zu besitzen, an Arbeit und Organisation mindestens zwölf Stunden pro Woche, und dann habe ich noch kein Geld verdient. Wann kann ich dann überhaupt noch hinfahren und das genießen?
Und so weiter …

Alternative: Ich habe doch beim letzten Australientrip den Jojo kennengelernt, der eine Tauchschule auf den Malediven hat. Bei dem arbeite ich im nächsten Urlaub mal mit, um zu erleben, wie das so ist auf einer Insel, das hat er mir ja angeboten. Vom verdienten Geld finanziere ich mir meinen anschließenden Urlaub dort. Soll doch ein anderer die Insel kaufen und sich den ganzen Stress antun.

Verfahren Sie einmal mit allen Ihren Wünschen so, wie oben beschrieben. Sie werden entdecken, dass viele dieser Wünsche so aus der Ferne ganz in Ihre Nähe rücken. Jetzt liegt es an Ihnen, diese Wünsche in die Tat umzusetzen.

Auch wenn Sie glauben, noch kein soziales Netzwerk für die Umsetzung Ihrer Wunschliste »Reichtum« zu haben, bedenken Sie: Es reicht oft ein Kontakt. Der ergibt den nächsten Kontakt usw. So machen das alle Menschen, die irgendwohin wollen. Sie dürfen das auch.

Armut ist relativ

Also, falls Sie materiell in eine Sackgasse geraten sind und meinen, aus eigener Kraft nicht hinauszukommen, so ist das keine Schande. Ihre Situation wurde von Banken und anderen manipulativ agierenden Institutionen der Machtausübung durchaus erwünscht, beabsichtigt und herbeigeführt. Es ist klar, dass diejenigen, die Ihnen das Geld aus der Tasche ziehen und die Sie abhängig machen wollen, sich mit ihren eigenen Regeln, also mit den von ihnen erarbeiteten Verträgen und Haftungsansprüchen, besser auskennen als Sie.

Lassen Sie sich davon nicht verunsichern, sondern holen Sie sich Hilfe!

Armut wird individuell völlig unterschiedlich empfunden. Für den einen ist es schon der Verlust des zweiten Autos, für den anderen der Verlust des Arbeitsplatzes oder seiner Wohnung. Für wieder einen anderen beginnt Armut erst, wenn er nichts mehr zu essen hat. In allen Fällen – bitte ohne Wertung und Vergleich – folgt auf den individuell gefühlten Zustand von Armut nackte Panik beim Betroffenen, der Verlust seines Selbstwertes, der (gefühlte) Verlust der Zugehörigkeit zur Gesellschaft, bis hin zu einem lebensbedrohlichen Zustand mit schweren Depressionen, Flucht in die Sucht oder sogar Suizid.

Dazu muss es nicht kommen, wenn Sie sich rechtzeitig entschließen, Ihre Schamgrenze zu überwinden und sich Hilfe zu holen.

Weil es fast jedem im Leben einmal mehr oder weniger ausgeprägt so geht wie Ihnen im Moment, gibt es Einrichtungen, die kostenfrei helfen, zum Beispiel eine Schuldnerberatung in sozialer Trägerschaft. Sie dürfen sich diesen Beratungsstellen in Ihrer ganzen Ohnmacht zumuten (unbezahlte Rechnungen, ungeöffnete Rechnungen, Angst, Absturz etc.). Auch wenn Sie arm sind, bewahren Sie Ihre Würde als Mensch, denn Geld ist nicht alles. Wer sich anständig verhält, wird höflich behandelt. Die Menschen, die Ihnen jetzt helfen, haben Ihre Lage nicht verursacht, lassen Sie Ihren Frust nicht an der falschen Adresse aus.

Formulieren Sie auch und gerade in Zeiten der Armut ganz konkret Ihre Ziele. Erarbeiten Sie einen Stufenplan, wie Sie wieder in die Selbstermächtigung kommen können. Es gibt viele Menschen, die eine solche Krise erfolgreich gemeistert haben. Oft war das Bestehen diese Prüfung erst der Ansporn zu größeren Zielen. Sie dürfen auch, wenn Sie arm sind, in großen Dimensionen denken.

Je klarer Sie sich eine neue, erweiterte Lebensform visualisieren, umso eher sind Sie in der Lage, die Wege dorthin zu sehen. Nur der, der aufgibt, bleibt arm.

Wenn man nichts mehr zu verlieren hat,
kann man sich selbst wiederfinden.

Ein Lebensabschnitt in Armut kann eine Phase sein, in der wir inneren Reichtum aufbauen. Wir dürfen erleben, um unser selbst willen und nicht wegen unseres Besitzes geliebt zu werden.

Viele der Menschen, die ich kennenlernen durfte, sagten mir: »Als ich nichts hatte, war ich am unbefangensten und am glücklichsten, es war die schönste Zeit in meinem Leben.«

Geht es bei Ihnen wieder aufwärts, vermeiden Sie unnötigen Ballast, der Sie festhält. Sie haben erfahren, dass das Leben trägt. Sie sind noch hier, um eine Erfahrung reicher, jetzt warten neue Horizonte.

Bewahren Sie Ihre Leichtigkeit, und projizieren Sie keine Ängste in die Zukunft. Egal, was kommt, das Leben hat immer Alternativen parat. Sie haben jetzt viel Erfahrung als »Lebenskünstler« im Gepäck. Das macht Sie unabhängiger.

Von der Existenzangst

Existenzangst ist so alt wie die Menschheit selbst. Skurrilerweise nimmt sie gerade in der Wohlstandsgesellschaft ohne reale Bedrohung von Leib und Leben die drastischsten Formen an. Existenzangst kann lähmen, seelisch, mental und körperlich krank machen, immer neue zusätzliche Ängste anziehen und schließlich zum Tode führen.

Dabei ist Angst an sich eine Illusion.

Eine Illusion ist eine Vorstellung von etwas, was geschehen könnte, aber nicht geschehen wird, sonst wäre es eine Gewissheit. Angst ist ein schlechter Freund, Furcht dagegen ein hilfreicher. Furcht ist real, und es gibt immer ein Mittel im Hier und Jetzt, das Sie zum Handeln und zur Rettung Ihrer Situation ermächtigt.

Fallbeispiel: Edvard Munch

Eine Brücke vor einem grell orange-gelben Abendhimmel, unbeteiligte Fußgänger im Hintergrund – und vorne steht ein Mensch, die Hände über den Ohren, die Augen vor Schreck geweitet, den Mund aufgerissen, und stößt einen gellenden Angstschrei aus. Mit seinem Bild »Der Schrei«, das im Jahr 1893 entstanden ist, hat der norwegische Maler Edvard Munch eines der bekanntesten – und teuersten! – Werke der Kunstgeschichte geschaffen. Und als Betrachter meint man diesen Schrei förmlich aus dem Bild heraus zu hören.

Munch hat mit diesem Schrei seiner eigenen Angst, die sein ständiger Begleiter war, Ausdruck verliehen. Mit »Existenzangst auf Leinwand gebannt«* beschreibt die Zeitschrift Cicero das Bild. Das Gefühl der menschlichen Existenzangst hat Munch immer wieder beschäftigt und in seinen Bildern sichtbar werden lassen. Das letzte von vier Gemälden mit diesem Motiv wurde im Mai 2012 für knapp 120 Millionen Dollar bei Sotheby's versteigert, und man fragt sich: Warum genießt dieses nur mittelgroße, in Pastell gemalte Bild einen solchen Bekanntheitsgrad? Vielleicht, weil »Der Schrei« unsere eigenen Gefühle wachruft und eine Verbindung knüpft zur dunklen Seite unserer Seele mit ihren Ängsten, Schatten und Dämonen.

Doch wie kann ein Gemälde, das dem Betrachter Schauer über den Rücken jagt, einen solch hohen Preis erzielen? Womöglich hoffte der Käufer ja, auf diese Weise seine eigenen Ängste zu bannen ... Edvard Munch hatte die massive Existenzangst seiner Mutter schon in deren Bauch als Programm für sein Leben mitgenommen. Die erschöpfte, geschwächte Frau konnte ihn bereits im Mutterleib nicht ausreichend nähren. Dieser Konflikt, ob er denn nun »auf Kosten der Mutter« ein Leben haben dürfe, begleitete ihn zeitlebens. Durch ihren frühen Tod und den seiner Lieblingsschwester, die beide an Tuberkulose, der Krankheit der Armen, starben, erlebte er zudem hautnah, wie schnell eine Existenz vorüber sein kann.

---

* www.cicero.de/salon/edvard-munch-der-schrei-existenzangst-auf-leinwand-gebannt/49124

Menschen nährten ihn nicht. Einzig sein Ventil, die Kunst, tat das. Das Recht auf Lebensfreude nahm sich der Künstler aber nicht, er hatte keine qualitative Aufwertung seines Daseins durch sein Vermögen. Edvard Munchs Inneres Kind konnte mit den damaligen Methoden nicht geheilt werden. So verharrte er in der Existenzangst und kam nie in seinen inneren Reichtum.

Existenzangst, die nicht erlöst ist, treibt auch und gerade heute noch viele Menschen zu sonderbaren Taten an. Die Triebfeder besonders schwerreicher Menschen ist oft die Existenzangst. Die Furcht davor treibt sie zu immer höheren Leistungen an, zum Genießen fehlen die Zeit und die innere Ruhe.

Gerade die (Nach-)Kriegsgenerationen sind noch in der existenziellen Schockwelle gefangen. Im Krieg geht es um das nackte Leben, und in diesem Bewusstsein handeln die Nachfahren oft immer noch, obwohl schon längst friedliche Zeiten angebrochen sind. Diese Menschen bekommen die nackte Existenzangst bereits durch kleine Schwankungen der Börsenkurse oder einen Fehler in der Lohnabrechnung so stark in ihr System geflutet, dass sie glauben, ihre komplette Existenz sei bereits gefährdet. Sie sehen nicht, was sie haben, und können die Information nicht relativieren.

Wer dieses Leiden hat, steht damit heute nicht allein da. Sie können sich getrost »outen«. Es gibt gerade heute von den Nachkriegsgenerationen, die diese Symptome in der eigenen Familie erleben mussten, perfekte Coaching- und Therapiemethoden, um Existenzangst wieder auf ein gesundes Normalmaß zu bringen.

Es muss nicht immer schwer sein, es darf auch leicht sein. Genießen Sie Ihr Leben!

Aus der Praxis:
Zwei ungleiche Brüder

Thomas war ein smarter Typ. Sportlich, gut angezogen, moralisch korrekt. Mit seinem klassischen Profil und den vollen lockigen Haaren ein Frauentyp, wenn auch etwas schüchtern.

Er belegte ein NLP-Seminar in unserer Praxis, um ein noch sichereres Auftreten am Arbeitsplatz, vor allem in der Präsentation, zu bekommen. Immer wieder plagten ihn scheinbar grundlos soziale Existenzängste. Er hatte Angst, seinen Status und seine gesellschaftliche Zugehörigkeit zu verlieren.

Sein Vater hatte sich immer in seine Arbeitswelt zurückgezogen und war äußerlich und innerlich selten für seine Kinder präsent gewesen. Thomas machte das Beste aus dem fehlenden Vater, widmete sich dem Sport, fand hier männliche Vorbilder und Förderer, die ihm Selbstvertrauen gaben. Dazu gehörten von seiner Seite der unbedingte Wille zum Erfolg und die Anpassung an die Wünsche und Anforderungen seiner Förderer.

Ein wunderbarer Selbsthilfemechanismus ermöglicht es vor allem Kindern, ihren Mangel an anderen Quellen auszugleichen und sich dort zu nähren. Viele Kinder nehmen diese Möglichkeit jedoch nicht wahr, weil sie ihre Erzieher nicht »verraten« wollen. Sie empfänden es als Betrug und Untreue, sich an anderen guten Quellen zu holen, was ihnen von den Eltern nicht gegeben wird.

So erging es auch Peter, dem großen Bruder von Thomas. Ein großer, schlaksiger, jungenhafter Mann mit einem immer freundlichen Blick und einer etwas krummen Körperhaltung. Sein Haar begann bereits trotz der jungen Jahre, schütter zu werden.

Eines Tages erzählte Thomas mir von seinem Bruder und dass er sich für ihn schäme, weil er nicht zur Familie passe und so anders sei. Anscheinend ging Peter mit seinen Gefühlen offenherziger um, was Thomas dann peinlich war.

Ich brachte Thomas dazu, nicht wegzuschauen, sondern sich wirklich einmal auf den Bruder und dessen Geschichte einzulassen, um ihn verstehen zu lernen. Und so luden wir Peter in meine Praxis ein.

Peter war das erste Kind und der Heiratsgrund der Eltern, die eine eher beziehungslose Ehe führten, jeder war für sich – gemeinsam einsam. Als Peter auf die Welt kam, waren beide Eltern noch in der Ausbildung. Und so übernahm die Oma väterlicherseits in den ersten drei Lebensjahren seine Erziehung. Peter sah die Eltern nur am Wochenende besuchsweise.

Die Oma hatte im Zweiten Weltkrieg ihren Vater verloren. Auch musste die Familie die Heimat verlassen, das Haus, die letzte Sicherheit. Peters Oma war eine misstrauische Frau, verbittert durch ihre Verluste. Sie lebte isoliert und hatte in der neuen Heimat nie richtig Fuß gefasst.

Als Kind auf die Oma angewiesen, sorgte Peter emotional für ihr Wohlergehen, hing doch sein eigenes davon ab. Den Eltern gegenüber fühlte er sich als Belastung und schuldig, weil sie wegen ihm heiraten mussten und nicht glücklich waren, wie ihm seine Großmutter oft erzählte. Er wuchs auf mit Oma-Sprüchen wie »Geld stinkt«, »Haste nix, dann biste nix« oder »Wir bleiben arme Schlucker« und dergleichen.

Erst als Thomas auf die Welt kam, blieb die Mutter zu Hause, und Peter durfte nun dazugehören. Irgendwie war aber jetzt sein kleiner Bruder in die Rolle des Erstgeborenen hineingerutscht. Peter fand seinen Platz in der Familie nicht und blieb der Sonderling. Die wenige Unterstützung und Zugehörigkeit in seiner frühen Kindheit und die Erwartungen der Eltern, dass er von einem Moment zum anderen die Rolle des großen Bruders übernehmen sollte, ließen ihn innerlich einknicken, was man ihm deutlich ansah.

Peter war ein mitfühlender und sehr kreativer Mensch. Doch sein Leben wurde beherrscht von Unsicherheit und diversen diffusen Ängsten, vor allem aber der massiven Existenzangst, die ihn dazu brachte, sich immer wieder unter Wert zu verkaufen, um dazuzugehören. Sein Selbstwert sank gegen null, als die Oma, die er zum Schluss mitbetreute, starb.

Sein jüngerer Bruder hingegen sah sich und seinen Status in der Gesellschaft durch Peter bedroht. Thomas fühlte sich immer wieder von gesellschaftlichen Existenzsorgen bedroht, die er von seinem Vater, also Omas Sohn, übernommen hatte. In einer systemischen Aufstellungsarbeit gab er sie mit Erfolg zurück. In vielen Gesprächen holten die Brüder ihre Beziehung nach, lehnten sich aneinander an und machten sich gegenseitig stark. Heute sind sie ein kraftvolles, kreatives und mutiges Brüderteam.

In der systemischen Aufstellungsarbeit gaben beide Brüder die Existenzangst der Oma zurück, jeder für sich (Peter wählte hierfür als Symbol eine Statue mit 60 Kilo, so sehr hatte er daran lebenslang getragen) und stellten sich die Eltern in den Rücken. Peter entband sich außerdem von der Verantwortung, dass die Eltern seinetwegen heiraten mussten, und gab sie dorthin zurück.

Thomas hat inzwischen Karriere gemacht. Er fühlt sich sicher und klar und ist mit seiner Freundin zusammengezogen. Peter, der bis zu seinem 32. Lebensjahr immer wieder Hartz IV bezogen hatte, arbeitet heute erfolgreich als Jungfilmer. Er hat eine eigene Wohnung und einen beachtlichen Freundeskreis. Seine Arbeit erfüllt und nährt ihn. Er fühlt sich nicht länger der Oma in ihrer Existenzangst verbunden, sondern hat sich erlaubt, über sie hinauszuwachsen, in seinen eigenen Erfolg hinein. Auch seine Eltern sehen ihn endlich mit Stolz.

Sehr oft sind wir in falschen Verpflichtungen und Ängsten gefangen. Geben wir sie dahin zurück, wo sie herkommen, wachsen wir und nähren uns wieder.

Dann hat Existenzangst keine Chance in unserem Leben!

Übung zur Existenzangst

Wandeln Sie Ihre Angst in Furcht um, und nutzen Sie sie. Angst ist eine selbst geschaffene oder übernommene Illusion. Angst ist nicht real. Angst lähmt. Angst nimmt uns die Handlungskompetenz.

Der Zaubertrick: Betrachten Sie Ihre Angst. Wandeln Sie Ihre Angst in Furcht um.

Furcht ist real. Furcht befähigt uns zum Handeln im Hier und Jetzt. Wir können eine Lösung finden. Furcht lässt uns Gefahren erkennen und hilft uns, uns zu retten.

Ein Beispiel: Die Angst-Negativschleife

Irgendjemand hat Ihnen erzählt, in Ihrer Firma würden Stellen abgebaut. Achtung: Jetzt kommt ein klassisches Wenn-dann:»Wenn die Firma Stellen abbaut, dann vielleicht auch meine. Wenn ich keinen Arbeitsplatz mehr habe, kann ich das Haus nicht abbezahlen. Wenn ich das Haus nicht abbezahlen kann, sinkt mein gesellschaftlicher Status gegen null. Wenn mein Status sinkt, verlässt mich mein Lebenspartner. Wenn mich mein Lebenspartner verlässt, verliere ich auch die Kinder, die Freunde, die Haustiere etc. Wenn ich alles verliere, dann hat mein Leben keinen Sinn mehr.«

Dieser Mensch hat sich eine Angst-Negativschleife gebastelt. Meistens wird er handlungsunfähig. Er verfällt entweder gleich in Depression und Krankheit, oder er arbeitet für zwei, um seine Stelle nicht zu verlieren. Dies kann ihn sein Leben kosten.

Beispiel»Furcht«:

Irgendjemand hat Ihnen erzählt, in Ihrer Firma würden Stellen abgebaut. Achtung: Sie wollen wissen, womit Sie es zu tun haben. Sie sind beunruhigt. Sie sind handlungsfähig. Sie gehen zu Ihren Vorgesetzten und fragen nach. Bekommen Sie nicht die erwünschte Information, wenden Sie sich an die Firmenleitung. Bekommen Sie hier die Information nicht, wenden Sie sich an den Betriebsrat, falls vorhanden. Sie erhalten dort Informationen.

Sie hören auf keine Vermutungen von anderen. Sie interessieren sich nur für die Wahrheit, die Realität. Je eher Sie wissen, was gespielt wird, desto schneller können Sie Konsequenzen ziehen. Wenn Sie einer der Ersten sind, der sich woanders bewirbt oder umschulen lässt, haben Sie die Auswahl. Sie sind handlungsfähig und in der Realität.

Die Realität:

Schließlich erfahren Sie zum Beispiel, dass der Firmenchef mit dem Chef einer ähnlichen, größeren Firma essen war. Das war alles. Die Chefs haben Erfahrungen ausgetauscht. Die Bilanzen beider Firmen sind in Ordnung. Es ist keine Übernahme durch eine andere Firma geplant. Ihr Arbeitsplatz ist und bleibt erst mal sicher. Sie hätten Ihre Zeit lieber sinnvoller verbracht, als die Vermutungen von irgendjemand zu überprüfen. Sie sind auf dem neuesten Stand. Sie sind beruflich in Sicherheit. Keine einzige Sekunde haben Sie sich in der lähmenden Angst-Negativschleife aufgehalten. Sie haben hingesehen, sind nicht weggelaufen, haben gehandelt. Alles ist gut. Sie bleiben in Ihrer Kraft.

Spielen Sie dieses Szenario einmal mit einer realen Situation aus Ihrem Leben durch. Erleben Sie dabei entspannt, dass es auch ohne Drama und Energieverlust geht.

Reichtum und Spiritualität

B. K. S. Iyengar, einer der bekanntesten und einflussreichsten Yoga-lehrer der Welt, hat einmal gesagt:»Das Universum hat das Leben nicht in der Hoffnung erschaffen, dass ein Scheitern der Mehrheit den Erfolg der wenigen hervorhebt. Zumindest spirituell leben wir in einer Demokratie, in einer Gesellschaft der Chancengleichheit.«[*]

Ein armer Mensch ist nicht zwangsläufig ein besserer Mensch. Er hat vielleicht nur ein Selbstwertproblem. Sein Charakter kann eine Katastrophe sein. Doch vielleicht ist er auch auf dem Weg zur Er-leuchtung, wer weiß?
Dem materiell reichen Mensch kann es genauso gehen. Er kann voller Ängste sein, vielleicht aber auch weise und zufrieden. Oder ein skrupelloser Übeltäter.
Reichtum und Armut haben weder mit dem Charakter noch mit dem Grad der spirituellen Entwicklung eines Menschen zu tun.

Reichtum und Spiritualität schließen sich nicht aus.

Der eine braucht für seine spirituelle Entwicklung vielleicht wenig Ballast, wenig Verantwortung im Außen. Der andere benötigt Mit-tel, um Spiritualität mit anderen teilen zu können, Raum, um Spi-ritualität zu erschaffen. Es kommt immer darauf an, wie Sie mit Ihren vorhandenen oder nicht vorhandenen Mitteln umgehen.

---

[*]   Iyengar, B. K. S.: *Licht fürs Leben: Die Yoga-Vision eines großen Meisters,* O. W. Barth, Frankfurt am Main 2005, S. 18

Ihre spirituelle Entwicklung liegt in Ihren eigenen Händen.

Sie sollten sie nicht auf Kosten anderer anstreben. Missbrauchen Sie niemanden für Ihre spirituelle Entwicklung, seien Sie nicht hochmütig oder gewalttätig gegenüber Andersgläubigen. Wenn Sie sich jedoch so verhalten, sollten Sie zuerst an Ihrem Ego arbeiten, dann an Ihrer Spiritualität, sonst kommen Sie nicht weiter. Sie dürfen reich oder arm sein. Ihrer spirituellen Entwicklung steht nichts im Wege. Außer Sie selbst, gelegentlich ...

Die Bedeutung der Werte

Wir lassen uns bestimmte Werte vorgeben. Wären wir damit (auch unter Protest) nicht einverstanden, hätten diese Werte, egal ob materiell, geistig, spirituell oder gesellschaftlich, keinen Bestand. So haben wir in der menschlichen Geschichte Werte immer wieder verändert und tun es noch.

Werte sind individuell und gleichzeitig auch an die Gemeinschaft, in der Sie leben, gekoppelt. Werte funktionieren nur als positive oder negative »Gleichmacher« und »Befrieder«, wenn die meisten sie teilen. Ein Wert, der die Regeln einer Gesellschaft bestimmt, kann in einer anderen Gesellschaft völlig nebensächlich sein.

Wenn Sie bestimmten Wertvorstellungen unterliegen, die Sie einengen, denken Sie daran, dass Sie sich vielleicht nur in der falschen Gesellschaft befinden. Eine Gemeinschaft, die mit Ihnen die gleichen Werte teilt, findet sich so gut wie immer. In allen Lebensbereichen. Wenn nicht, finden Sie Gleichgesinnte und bauen Sie eine Gesellschaft mit Ihren eigenen Werten auf. So haben Menschen das immer getan.

Ihren Selbstwert bestimmen Sie selbst und auch das, was Sie daraus gemacht haben.

Sind Sie zufrieden? – Herzlichen Glückwunsch!
Wenn nicht, arbeiten Sie daran, es lohnt sich immer. Möge Ihnen alles gelingen.

Das Geschenk des Lebens

Sie sind ein wunderbares, einzigartiges, unverwechselbares Wesen der Schöpfung. Ihr Leben ist ein großes Geschenk. In Ihnen feiert die Schöpfung sich selbst. Als Sie geboren wurden, hat Gott (oder wer auch immer »da oben« ist) gelächelt. Sie können Liebe geben und nehmen, was auch immer Ihnen in diesem Leben geschehen ist. Wenn das nicht so wäre, wären Sie nicht mehr hier. Dann hätten Sie nicht überlebt.

Also, ob Sie es wissen oder nicht: Irgendjemand liebt Sie.
Und, ob Sie es wissen oder nicht: Auch Sie können lieben.

Die Fähigkeit zum Mitfühlen und die Fähigkeit zu lieben mit allen Konsequenzen machen uns so einzigartig im Universum, dass die Plätze hier auf Erden heiß begehrt sind. Hier ist es nie langweilig. Hier findet immer irgendein »Lebensdrama« positiver oder negativer Art statt. Sie können mitspielen oder beobachten, gestalten oder gestalten lassen.
Sie sind in Ihrem Lebensboot der/die Steuermann/-frau. Geben Sie das Steuer nicht aus der Hand. Bestimmen Sie Ihren Kurs selbst. Wohin er führt, wissen Sie allein.

Geben Sie sich die Chance, Ihr Leben zu lieben.

Selbstwert und Selbstsabotage

Mein Berufsstand, so wie alle helfenden Berufe, hat einen extrem hohen Anteil an materiellen Selbstsaboteuren. Warum? Das Helfersyndrom geht einher mit einer hohen Selbstausbeutung. Dabei ist dies völlig unnötig, denn nur der heile Heiler heilt, das heißt derjenige, der gute Selbstfürsorge betreibt.

Ein weitverbreitetes Erziehungs- und Moralsystem sorgt dafür, dass in fast allen Kulturen der Erde speziell Mädchen zu einem geringen Selbstwert und zur Selbstausbeutung erzogen werden. So sind sie billige, abhängige »Arbeitsbienen«, die für sich selbst nichts verlangen.

Das Erziehungssystem zur Selbstausbeutung funktioniert auf folgende Weise: Wir alle, besonders Kinder, sind davon abhängig, dazuzugehören und gesehen zu werden. Nach der körperlichen Grundversorgung hat die emotionale Versorgung für uns die höchste Bedeutung, und erst dann folgen mit weitem Abstand die materielle und die geistige Versorgung. Positive Wertschätzung und Beachtung sind für jeden Menschen das Wichtigste, und dafür gibt er alles.

Negative Zuwendung in Form von Abwertung und Gewalt in jeder Form ist grausam. Aber besser diese Form der Beachtung als das schlimmste aller Übel: missachtet, geächtet, nicht wahrgenommen werden, Ausgrenzung als Strafe für nicht erwünschtes Verhalten. »Wenn du dies und das tust, haben wir dich nicht mehr lieb! Sei ein liebes Kind!«»Geh uns aus den Augen, wir wollen dich nicht mehr sehen.« Sie können fragen, wen Sie wollen: Weggesperrt oder bei unerwünschtem Verhalten behandelt zu werden, als sei man nicht mehr vorhanden, wird als die härteste Form der Bestrafung erlebt. Sie geht mit dem Liebesentzug einher und hinterlässt schwere Schäden in der Seele des betreffenden Menschen. »Ich bin es nicht wert dazuzugehören, ich darf mich, so wie ich bin, keinem anderen zumuten, ich bin eine Zumutung!«

Also tut man alles, um Liebkind zu sein, und verleugnet dabei die eigenen Bedürfnisse. In der Gesellschaft ist dieses Verhalten hoch anerkannt, wird aber selten honoriert. Der sich edel aufopfernde Mitmensch hat keine eigenen Bedürfnisse zu haben. Wenn er so gut weiß, was andere brauchen, kann er auch für sich selbst sorgen, das glauben die Menschen in seinem Umfeld, falls sie überhaupt jemals darüber nachdenken. Und am Ende steht die Selbstaufgabe. Denn es ist nie genug.

Das bisschen Anerkennung, das kommt, geht wie in einem Fass ohne Boden verloren. Es wärmt den abhängigen Helfer zwar, aber nicht lange. Schon bald muss er wieder jemanden suchen, dem er es recht machen kann. Dann darf er wieder für eine kurze Zeit dazugehören.

Ich nenne diese Form der Abhängigkeit »die Liebe über das Du«. Das bedeutet, dass der Selbstwert von der Anerkennung, dem Gesehenwerden durch andere abhängig ist. Man lernt, dass die anderen mit ihren Bedürfnissen immer Vorrang haben. Die anderen müssen immer zuerst befriedigt werden, erst dann kommt man selbst. Die anderen sind immer mehr wert und werden mit ihren Motiven gar nicht erst hinterfragt.

Das führt dazu, dass man in der Warteschlange des Lebens immer wieder die anderen vorlässt. Wenn man dann selbst an der Reihe ist, wird der Laden gerade geschlossen, und man stellt sich am nächsten Tag wieder an, mit demselben Ergebnis. Regelmäßige tiefe Erschöpfungsphasen, Krankheiten aller Art und Burn-out sind die Folge. Wenn es so weit gekommen ist, entstehen in dem betreffenden ohnmächtigen Helfer tiefe Schuldgefühle darüber, dass er nicht mehr funktioniert und somit nichts mehr wert ist. Wenn die Selbstausbeutung nicht mehr möglich ist, gibt es kein Recht auf Zugehörigkeit mehr. »Dann kann ich mich ja gleich umbringen«, höre ich da regelmäßig von meinen Klienten, »wenn ich nicht mehr funktioniere!«

Da geht es der Reinigungskraft genauso wie dem Angestellten, der Mutter, dem Vater und auch dem Konzernchef. Wenn der Selbstwert auf null gesunken ist, bekommen viele Menschen einen Herzinfarkt. Denn das Herzenergiezentrum ist der Ort der Zugehörigkeit, des Selbstwertes und der Selbstliebe.

Der Selbstwert der betroffenen Menschen wurde schon in der Kindheit grausam gekränkt mit der ausgesprochenen oder unausgesprochenen Formel: »Erst kommen die anderen, dann lange nichts, und dann erst kommst du. Denn du bist nur ein Kind, du musst dir deine Beachtung erst verdienen.« Oft von Erwachsenen und Erziehern, die es in der Kindheit genauso erlebt haben. Jetzt dürfen sie vom Opfer zum Täter werden, aus der Hilflosigkeit heraus und endlich zur Macht gelangen.

Wir geben nie auf, die Anerkennung zu suchen, die man uns versagt hat, immer in der Hoffnung, sie eines Tages zu erhalten. Da verwendet eine erwachsene Tochter all ihre Kraft auf die Pflege ihrer betagten, kranken Mutter, die sie immer als abweisend erlebt hat, wird selbst krank dabei, nur um einmal die ersehnten Worte zu hören, die die Erlösung versprechen: »Ich bin froh, dass es dich gibt. Ich habe dich lieb.«

Und selbst wenn die Täter von damals schon lange aus unserer Gegenwart verschwunden sind, sie begegnen uns in tausenderlei Gestalt wieder. Aus dem Vater, dem wir alles recht machen wollten, wird der Chef im Büro, der von uns täglich Höchstleistungen fordert und uns dabei die Anerkennung wie einen Wurstzipfel vor die Nase hält, damit wir immer wieder danach schnappen.

Diese Anerkennung ist nie bedingungslos. Wenn sie kommt, dann gerade in dem Maße, dass man nicht verhungert und den Keim der Hoffnung weiter in sich behält. Nur so bleibt man abhängig und dienend bis zur Selbstaufgabe. Ein »nützliches« Mitglied der Gesellschaft eben.

Sehenden Auges wird solchen oft sehr geduldigen und ausdauernden Menschen mehr und mehr Last aufgebürdet. So lange, bis sie zusammenbrechen. Mitgefühl ernten sie dafür nur selten. »Ich hab's ja immer gesagt, hätte er sich halt mehr geschont …« Diese »Packesel« haben nicht gelernt, Nein zu sagen, denn das durften sie nicht. »Ein Indianer kennt keinen Schmerz, stell dich nicht so an …« Die eigenen Empfindungen wurden abgetan mit »Das bildest du dir nur ein …«

Denken Sie an all die Kinder, die heutzutage als Hoffnungsträger ihrer Eltern von Termin zu Termin hetzen, um den Ehrgeiz ihrer

Erzeuger zu befriedigen. Um die Trophäen nach Hause zu holen, die ihre Eltern nicht erbeutet haben. Der Preis ist der Verlust des Selbstgefühls, des Wissens um die Stabilität und die Sicherheit der eigenen Grenzen, ja der Kindheit. Weil solche Menschen schon in der Kindheit lernen, für andere statt für sich selbst zu sorgen, verlernen sie das mit der Zeit vollständig.

Ohne sich das Recht auf Selbstfürsorge
zur Selbsterhaltung zu geben,
kann man nicht überleben.

Dieses Recht werden die, die es Ihnen genommen haben, Ihnen niemals zurückgeben. Nur in Indien lässt man Milchkühe frei. Aber auch erst dann, wenn sie keine Milch mehr geben.
Meine Praxis ist voll von Menschen, die so ihren Selbstwert verloren haben und ihn sich jetzt endlich zurückholen, um frei und unabhängig in die Selbsternährung zu gehen. Sie haben alles Recht der Welt dazu.

Auch wenn Sie mal nicht tun,
was von Ihnen erwartet wird,
gehören Sie dazu und sind liebenswert.

Aus der Praxis:
Ein zweifelhaftes Vorbild

Melinda D. war eine extravagante Erscheinung: Ihre langen rote Haare und ihre grazile Figur wurden von einem anziehenden Lachen und einem wachen, intelligenten Blick aus meergrünen Augen begleitet. Sie war eine Erscheinung, ganz für den großen Auftritt gemacht.

Genau hier lag ihr Problem. Melinda kam aus Berlin, wo sie lebte, zu mir in die Praxis. Sie blieb zwei Wochen hier, und wir konnten intensiv an ihrem Problem arbeiten und es schließlich auch lösen. Melinda war 31 Jahre alt, hatte Kunst und Modedesign studiert. Ihr Studium hatte sie sich selbst durch Kellnern und Modeln finanzierte. Danach war sie erfolgreich bei großen Modemachern tätig und erhielt viel Lob und Anerkennung für ihre Arbeit. Seit geraumer Zeit wollte sie sich nun mit ihrem eigenen Modelabel selbstständig machen. Es war ihr Herzenswunsch, endlich mit der eigenen Modelinie auf den Markt zu kommen, was die Kollegen bereits mit Spannung verfolgten. So weit, so gut. Ein paarmal war Melinda bereits am Start gewesen, den sie dann aber wieder verschieben musste, um Geld zu beschaffen.

Zu mir kam Melinda nun mit der Bitte in die Praxis, ihre »desaströse Männerbeziehungspolitik« zu verändern und ihre Zwänge lösen zu lernen. Melinda neigte dazu, sich immer den gleichen Typ Mann auszusuchen, den charmanten, gebildeten und klugen Betrüger. Bereits viermal war sie in ihrem Liebesleben einem solchen Mann auf den Leim gegangen. Neben der Desillusionierung und der Enttäuschung, die sie hinterließen, brachten die Herren Melinda jedes

Mal um ihre Ersparnisse. Sie verabschiedeten sich mit ihrem Geld und zweimal auch mit ihren Ideen. Sie rechtlich zu verfolgen war Melinda zu peinlich. »Wie stehe ich denn dann da, völlig unfähig und blamiert! Wenn einem das einmal passiert, kann man das als Ausrutscher betrachten, aber viermal, das grenzt schon an System und Dummheit! Ich muss das auflösen, ich habe Erfolg verdient, schließlich habe ich unglaublich hart dafür gearbeitet«, berichtete meine Klientin mir. In letzter Zeit hatte sie auch angefangen, sich morgens vor dem Spiegel große Vorwürfe zu machen: »Das hast du jetzt von deinen Flausen«, beschimpfte sie sich dabei selbst, »wenn du so weitermachst, wirst du mit deiner Art niemals einen Mann finden. Wärst du nur auf dem Teppich geblieben, du mit deinen Seifenblasen …« Melinda hatte auch den Zwang entwickelt, die Tür dreimal abzuschließen und dies noch dreimal zu überprüfen, wenn sie aus dem Haus ging.

Mit Zwängen versuchen wir, Ordnung in unser Lebenschaos zu bringen. Sie sind etwas immer Wiederkehrendes, Verlässliches, das wir in der Hand haben und das uns beruhigt. Sehr schnell aber, genauso wie unsere missliche Lage uns scheinbar im Griff hat, haben dasselbe die Zwänge getan. Sie verselbstständigen sich und kontrollieren unser Leben. Außerdem neigen Zwänge dazu, sich auszudehnen. Wo ein Zwang zu Hause ist, kommt schnell ein nächster hinzu und wird zur zusätzlichen Qual.

Allein die Sicherheit, gezielt zur Ursache ihrer Probleme zu gelangen und diese aufzulösen, halfen Melinda, ihren Schließzwang weitestgehend abzulegen.

Melindas Familienanamnese ergab, dass ihrer Tante Melinda, nach der sie benannt worden war und die ihr das Talent vererbt hatte, ebenfalls kein Glück mit den Männern beschieden war. Als Melindas Tante ein Kind war, hieß es:»Du wirst mit deiner kapriziösen Ader keinen gediegenen Mann finden, höchstens einen Luftikus.« Melindas Tante entwickelte sich entsprechend. Ihre Mutter Sophie und die Oma meiner Klientin waren Schwestern. Die Familie bestand größtenteils aus gut situierten Beamten in mittlerer Position. So ist es auch noch heute. Lediglich die schöne, intelligente Sophie war mit diesem Lebensentwurf nicht einverstanden. Sie wollte ihren Horizont erweitern und Sprachen lernen. In Mailand lernte sie einen Großindustriellen kennen, der sofort von ihr verzaubert war und sie auch von ihm und den Möglichkeiten eines neuen, erweiterten Lebens. Die beiden heirateten und blieben ein Paar. Sie bekamen vier Kinder. Tante Melinda war die Jüngste in ihrer Familie. Sie wurde mit ihrem Erbteil ausgezahlt, die drei anderen Geschwister traten in den elterlichen Konzern ein.

Die kleine Melinda aus Deutschland durfte einmal im Jahr mit ihrer Tante auf Reisen gehen, bekam von ihr die Welt gezeigt. Mit von der Partie waren meist ein wenig jüngere Begleiter, die Tante Melinda hofierten und wohl ihre Liebhaber waren. Das ging in jungen Jahren gut, doch nahm Tante Melindas Vermögen, obwohl sie einen gut gehenden Modesalon in Mailand und Rom hatte, mit den Jahren und den Liebhabern rapide ab. Schließlich lebte sie betrogen und zu einem bescheidenen Lebenswandel gezwungen in einem kleinen Seniorenheim am Comer See, zurückgezogen von der Welt. Ihre Familie hatte nur Häme für sie übrig und grenzte sie aus.

Tanta Melinda war immer das Vorbild ihres Patenkindes Melinda gewesen. Auch ihr zu Ehren gab sie sich im Modefach so viel Mühe. Den Regeln und Gesetzen der Familie folgend, hatte sich Melinda aber folgende Selbstsabotage angetan: Sie bestätigte die Erwartung der Familie, dass extravagante Menschen keinen Erfolg haben. Und aus Loyalität zu Tante Melinda wählte sie sich auch die Lebensgefährten, die sie ausnutzten und betrogen. Die bösen Sprüche, mit denen sie sich morgens vor dem Spiegel beschimpfte, hatte sie im Elternhaus oft gehört. Der Zwang sollte alles unter Kontrolle bringen, eine Erinnerung an die strengen Regeln und die Kontrolle im Beamtenhaushalt ihrer Eltern, gegen den sie stets rebelliert hatte. Ihr Fazit lautete: Wer anders ist, wird arm und ist, obwohl zuerst beneidet, zu guter Letzt der Häme der anderen ausgesetzt. »Ich habe es wahrscheinlich nicht anders verdient, habe mich zu weit aus dem Fenster gelehnt«, schluchzte sie in einer Sitzung.

Mitnichten war das der Fall. Ihr Erfolg stand ihr zu, sie hatte ihn sich bereits verdient, nun musste sie nur noch die Selbstsabotage beenden.

Bei der kunsttherapeutischen Arbeit sowie im Selbstsicherheitstraining wurde Melinda innerlich sicherer, sie gab sich die Erlaubnis zum Erfolg. Wir riefen ihre Eltern an, sie bat diese um ihren Segen, wenn sie Erfolg habe, und um weitere Zugehörigkeit zur Familie. Melindas Eltern, die sehr besorgt ihretwegen waren, boten ihr jetzt endlich gern ihre volle Unterstützung an, ohne Bedingung und ohne Preis, und konnten sie so annehmen, wie sie war, denn sie liebten ihr Kind. Eltern bleiben Eltern.

Melinda fuhr noch einmal an den Comer See zu Tante Melinda. Sie bedankte sich bei ihr für all die Möglichkeiten, die diese ihr mit auf den Weg gegeben hatte. Sie sagte ihr, dass sie aus Liebe zu ihr leider aber auch in der Lebenstragik den gleichen Weg eingeschlagen habe wie die Tante. Tante Melinda versicherte ihrem Patenkind, dass es niemals ihre Absicht gewesen war, ein negatives Vorbild für Melinda zu sein, weil sie sie von Herzen liebe. Melinda kehrte heim und nahm ihre Geschäfte jetzt ohne Ablenkung in die Hand und sicherte ihren Erwerb gut ab.

Inzwischen lebt sie in Berlin und Mailand, ihre Modelinie ist klein und fein und hat individuelle Kundschaft gefunden. Ein sehr netter Mann, der Melindas Geld und Ideen nicht braucht, ist in ihr Leben getreten. Er scheint ernste Absichten zu haben, Melinda auch …

Menschen, die uns ein Vorbild sind
und auch solche, die uns nicht guttun,
kopieren wir oft unreflektiert und unbewusst.

Es ist besser, genau und mit Abstand hinzusehen. Dann können wir die richtige Entscheidung fällen: Wo macht es Sinn für mich, nachzueifern, was schadet mir eher?

Aus der Praxis:

Ivan und das Feuermal

Ivan F., ein stattlicher, kräftiger und warmherziger Typ, in mittlerer Position tätig, Single, 37 Jahre alt, kam zu mir in Behandlung, weil er in letzter Zeit wieder vermehrt mit seinem Problem des Stotterns konfrontiert wurde. Er traute sich am Arbeitsplatz fast nichts mehr zu sagen; besonders wenn er unter Druck stand und etwas einwerfen oder durchsetzen wollte, überfiel ihn das Stottern. »Ich fühle mich dann, als ob ich ein Brett vor dem Kopf hätte, komme mir total bekloppt vor und weiß nicht mehr, was ich sagen wollte. Ich möchte nur noch wegrennen, und der Schweiß bricht mir aus. Vermehrt ist das so, wenn meine Chefin irgendeine Anforderung an mich stellt. Fachlich bin ich eigentlich wesentlich besser als sie. Sie kam auch erst nach mir in die Firma, weiß sich aber besser durchzusetzen. Nun habe ich Angst, in ein schlimmes Burn-out zu rutschen.«

In einer Gesprächstherapie arbeitete ich Ivans Problematik mit ihm auf, begleitet von ausgleichenden Meditationsübungen zur Selbstwahrnehmung.

Ivan war ein eher ängstliches Kind. Er wurde sechs Jahre nach seiner Schwester geboren, die bis dahin »Alleinherrscherin« in der Familie gewesen war und es Ivan sehr übel nahm, dass er ihr nun den Platz streitig machte. Ivan wurde mit einem großen roten Feuermal auf einer Gesäßhälfte geboren. Damit zog ihn seine Schwester von klein auf immer wieder auf. Wenn sie ihn sah, sagte sie: »Hat dir schon wieder einer in den Hintern getreten? Das verdienst du auch!« Ivans Eltern nahmen seine Angst vor der Schwester nicht so sehr wahr und schützten ihn auch wenig vor ihren verbalen Attacken. Als Ivan in die Schule kam und Taschengeld erhielt, nahm seine Schwester ihm das regelmäßig ab, indem sie ihm damit drohte, allen Kindern seinen »roten Pavianhintern« zu zeigen, wenn er es ihr nicht gäbe. Außerdem schüchterte sie ihn ein, indem sie ihm drohte, wenn er den Eltern etwas sagte, käme er in ein Heim. Da begann Ivan, wenn er sich unter Druck fühlte, auch noch zu stottern. Die Zeit seiner Kindheit war bestimmt durch Hilflosigkeit, innere Isolation und ein geringes Selbstwertgefühl. Ich bin nicht gut genug, ich bin so, wie ich bin, nicht richtig, so dachte er von sich. Ivan war intelligent und bemühte sich immer, alles richtig zu machen, nicht anzuecken oder aufzufallen. Er hatte in der Schule und später in der Ausbildung zum Industriekaufmann einwandfreie Noten und Beurteilungen. Er war immer sozial angepasst und freundlich und arbeitete stets etwas mehr als seine Kollegen. Sein Sozialleben bestand aus ein paar alten Schulkameraden. Er traute sich nicht zu, neue Bekanntschaften zu schließen.

Ein Selbstsicherheitstraining half ihm, seine Hemmungen zu überwinden, und er schloss sich einer Gruppe von Leuten an, die Improvisationstheater machten. In seiner Freizeit verlor er das Stottern ganz. Lediglich an seinem Arbeitsplatz machte ihm seine Problematik immer mehr zu schaffen. Aufgrund seiner Anamnese war Ivan darauf programmiert, Frauen in ähnlicher Position, die älter waren als er, widerstandslos den Vortritt zu lassen. Was er bei seiner Schwester von klein auf gelernt hatte, wurde ihm im Arbeitsleben zum Stolperstein. Trotz seines hohen Arbeitseinsatzes und gleichbleibend guter Leistungen wurde er nun schon zum fünften Mal von einer Kollegin mit weniger Qualifikation ausgebootet, als es um die Beförderung ging.

Wir luden Ivans Schwester zum Gespräch ein. In unserem Setting hatte Ivan die Rückenstärkung und den Mut, seiner Schwester einmal zu sagen, wie sehr er unter ihren Attacken immer gelitten hatte. Seine Schwester leugnete erst, gab dann alles zu und entschuldigte sich im Anschluss tränenreich bei meinem Klienten. »Als du kamst, habe ich mich bei den Eltern völlig im Aus gefühlt. Sie haben mich zur Oma geschickt, und als ich wiederkam, warst du schon da, und dann wurde ich gleich eingeschult. Das war zu viel Mamaverzicht auf einmal, und ich habe es an dir ausgelassen. Das tut mir heute aufrichtig leid.«

Ivan nahm sehr gerührt die Entschuldigung seiner Schwester an und konnte auch sie jetzt richtig verstehen. In seiner Firma differenzierte er mittlerweile innerlich zwischen Kollegin und Schwester. Wenn er sich wieder einmal gegängelt oder übergangen fühlte, sagt er innerlich: »Das kläre ich mit meiner Schwester, du bist nur meine Kollegin, und ich darf auch größer sein als du.«

Eine erstaunliche Wirkung setzte ein. Innerhalb von sieben Monaten verlor Ivan sein Stottern und seine psychosomatischen Symptome. Nach entsprechender beruflicher Beförderung leitete er jetzt eine Abteilung.

Auch dies ist ein Beispiel von Selbstsabotage. Die Symptome, die man dabei erlebt, bringt man als Laie selten oder nie mit den Ursachen, die meist in der Kindheit liegen, in Verbindung. Aber genau hier liegt die Lösung des Problems. Ich durfte viele Menschen bei unserer gemeinsamen Arbeit dabei begleiten, wie sie sich materiell und sozial selbst befreit haben. Egal wie verstrickt die Situation ist, Knoten sind zum Lösen da.

Übung: Die liegende Acht

Es folgt eine kleine Übung, um sich aus den Erwartungen anderer zu lösen.

Setzen oder legen Sie sich am besten auf den Boden. Schließen Sie die Augen, und atmen Sie tief ein und aus. Ziehen Sie vor Ihrem inneren Auge einen himmelblauen Schutzkreis um sich selbst. Stellen Sie sich vor, dass Ihnen gegenüber der Mensch ist oder die Menschen sind, der/die etwas von Ihnen erwartet/erwarten. Ziehen Sie auch um diese Person(en) einen farbigen Kreis, sodass sich beide Kreise berühren: eine liegende Acht.

Dann erinnern Sie sich, wer in Ihrer Kindheit etwas von Ihnen erwartete. Wem Sie es recht machen mussten oder wollten, um gesehen zu werden. Schieben Sie dieses Bild nun zur Seite. Schauen Sie die Person(en) Ihnen gegenüber fest an. Sagen Sie laut: »Ihr seid nicht …«, oder: »Du bist nicht …«, oder: »Sie sind nicht mein(e) Mutter, meine Eltern, mein Trainer …« (oder wer auch immer Sie – meist in der Kindheit – zu Ihrem Verhalten gebracht hat). Sagen Sie laut: »Ihr seid nur/du bist nur meine Kollegen/meine Partnerin …« Lassen Sie die, die Ihnen gegenübersitzen, sich jetzt auflösen: zischschsch …

Setzen Sie nun die Personen aus Ihrer Kindheit und Jugend, die Sie zum Ja-Sager machten, der keine Grenzen für sich mehr kennt, gegenüber in den angrenzenden Kreis. Schauen Sie sie an. Sagen Sie laut, klar und deutlich:»Nein!« Sagen Sie einfach mal Nein, und genießen Sie es. Sagen Sie so oft Nein, wie es Ihnen guttut. Sie sind jetzt in der Übungsphase. Sie müssen nicht warten, bis Ihre Grenzen arg strapaziert sind, bevor Sie Nein sagen. Sagen Sie rechtzeitig, klar und bestimmt Nein, und bleiben Sie dabei. So werden Sie von Ihrer Umwelt besser wahrgenommen und geachtet.

Sie sind nicht für den Lauf der Welt allein zuständig. Jeder ist aufgefordert, etwas dafür zu tun. Stellen Sie sich nicht mehr zur Verfügung. Geben Sie den anderen auch eine Chance. Auch wenn die es noch nicht so gut können wie Sie. Lassen Sie auch die anderen agieren. Entlasten Sie sich selbst.

Ziehen Sie nun mit einem farbigen Licht Ihrer Wahl 21-mal im Uhrzeigersinn eine liegende Acht um sich und die anderen. In dem einen Kreis der Acht befinden Sie sich, in dem anderen Kreis der Acht die anderen. Lösen Sie nun beide Kreise an der Verbindung. Knack! Lassen Sie die andere Seite der Acht ins All fliegen.

Bleiben Sie in Ihrem farbigen Lichtkreis ganz ruhig sitzen. Atmen Sie tief ein, und genießen Sie die Ruhe. Spüren Sie Ihre schützende Grenze. Spielen Sie mit Ihrer Grenze, um sie kennenzulernen. Ihre Grenze gehört Ihnen und tut das, was Sie wollen. Atmen Sie tief ein, und pusten Sie die Atemluft kräftig aus. Ihre Grenze weitet sich. Atmen Sie tief ein, und halten Sie Ihre Luft an. Ihre Grenze wird ganz eng und schmiegt sich an Sie an. Weiten Sie Ihre Grenze nun wieder, bis Sie genügend Spielraum haben.

Das farbige Licht Ihres Grenzkreises variiert je nach Gefühl und Stimmung. Probieren Sie es aus. So teilen Sie sich anderen Menschen und Wesen mit. Nehmen Sie Ihre Grenze als Sicherheit und Schutz überallhin mit. Sie ist Ihr Garant, sich nicht mehr ausbeuten zu lassen.

Ihr Geldbeutel wird sich freuen, wenn Sie sich nicht mehr »umsonst« zur Verfügung stellen, sondern Ihren »Preis« haben. Ihren gelebten Selbstwert eben.

Vom Burn-out und vom Hamsterrad

Burn-out gab es schon immer. Das belegen eindeutig die Gebrüder Grimm mit ihrem Märchen »Der Hase und der Igel«, das bereits Jahrhunderte, bevor sie es aufschrieben, als Volksmärchen existierte und mündlich weitergegeben wurde.

Zunehmend rückt in unserer Gesellschaft die darin beschriebene Problematik in den Vordergrund, weil wir uns oft ohne Sinn, entseelt und mit Scheuklappen behaftet in einem Tunnel befinden. In ihm rasen wir mit großer Geschwindigkeit, ohne stehen zu bleiben und den Weg zu hinterfragen, durch unser Leben, bis wir vor Erschöpfung in irgendeiner Form zusammenbrechen.

Es sind die Wünsche und Anforderungen oft nicht einmal eindeutig identifizierbarer Firmen und Organisationen, die uns durch diesen Tunnel treiben. Die Neigung, in solche Tunnel hineinzurennen, statt uns selbstbestimmt in freier Wildbahn zu bewegen, haben wir meistens schon in der Kindheit erworben. Wie oft wurde dort verlangt oder auch vorgelebt, dass die eigenen Bedürfnisse wenig zählen, dass man stattdessen ohne Rücksicht auf persönliche Verluste einem oftmals sinnlosen Ziel oder einer Sache zu dienen hat.

Vor allem in Kriegszeiten ist dies ein erwünschtes Verhalten. Menschen werden »abgerichtet« und zu seelenlosen Maschinen gemacht, sonst würden sie den befohlenen Wahnsinn niemals freiwillig mitmachen. Alle für das Vaterland – und zur Belohnung erhalten sie Heldenstatus und Ehrenmal. Doch davon werden sie leider auch nicht mehr heil oder lebendig. Wir als Gesellschaft haben zwei Weltkriege in jüngster Geschichte hinter uns, und so ist die Haltung der Aufopferung für vermeintlich höhere Ziele noch sehr präsent in uns. Wir Nachkriegsgenerationen wurden von Kriegseltern und Kriegsgroßeltern erzogen und auf das Leben vorbereitet. In unserem Inneren ist immer noch manifestiert, dass ein übergeordnetes Ziel, auch wenn wir es ethisch und moralisch nicht gutheißen, immer noch wichtiger zu nehmen ist, als das eigene Wohl im Auge zu behalten. Früher marschierten wir für das Vaterland, heute retten wir Banken.

Sie haben das Recht, sich aus Verantwortungen zu lösen, die nicht Ihren Werten entsprechen.

Nur wenige trauen sich, etwas anderes zu machen als die breite Masse. Doch jetzt gilt es wieder, aus dem Hamsterrad auszusteigen, freiwillig miteinander zu sein und eine Gesellschaft mitzugestalten, die es wert ist, in ihr und für sie zu arbeiten.
Ich lade Sie ein, einmal das Märchen »Der Hase und der Igel« im Anhang zu lesen (S. 240 ff.). Viel Spaß dabei!
Wenn Sie einmal an Ihr eigenes Leben denken, wer sind Sie? Der Hase oder einer der Igel?
Eine Lesart dieses Märchens ist, dass der Kleine den arroganten Großen austrickst, und darüber freuen sich die Zuhörer bzw. Leser. In einer anderen Lesart aber können wir die Hase-und-Igel-Konstellation auf unsere moderne Gesellschaft übertragen, und da sind oft die Unternehmen die Igel, die Arbeitnehmer die Hasen. Es wird ein künstlicher Ehrgeiz erzeugt und die Energien derer, die

in der Furche laufen, rücksichtslos ausgebeutet. Gern arbeiten die »Igel« auch mit Versprechungen und Ängsten. Und wir »Hasen« werden permanent von ganz bestimmten Lebensgefühlen beherrscht: dem Gehetztsein, der Unzufriedenheit und dem Empfinden scheinbaren Mangels.

Aus der Praxis:
Und rasend dreht sich das Hamsterrad

Der Mann meiner ersten Sekretärin raste direkt und ungebremst in ein ernstes Burn-out, das er fast mit seinem Leben bezahlte. Holger F., 42 Jahre alt, verheiratet und mit zwei Söhnen von acht und zwölf Jahren, war ein vielseitig begabter, sehr sportlicher Mann mit ungesundem Ehrgeiz und mangelnder beruflicher Ausbildung. Sein Vater starb, als er neun Jahre alt war, und ab da herrschte materieller Mangel in der Familie. Um dazuzugehören, reduzierte Holger seine Bedürfnisse auf ein überlebensnotwendiges Minimum. Er mutete seiner überforderten Mutter möglichst wenig zu, sondern sorgte für sich selbst. Um als jüngstes Kind trotzdem ein nützliches Mitglied der Familie zu sein, arbeitete er schon in jungen Jahren wie ein Erwachsener. Trotz hervorragendem Realschulabschluss gönnte er sich keine Lehre, weil er sofort mit seinem Verdienst zum Haushalt beitragen wollte. So wurde er ein einfacher Arbeiter.
Seine Arbeitgeber entdeckten schon früh, dass der junge Mann über ein ausgeprägtes Pflichtbewusstsein, hohe Intelligenz und ei-

nen enormen Pragmatismus verfügte. »Der findet immer eine Lösung, der macht Stroh zu Gold, der ist universell einsetzbar, voll belastbar und zeitlich flexibel.« Kurz, der Traum von einem Arbeitnehmer, multitaskingfähig, belastbar und für kleines Geld zu haben, der perfekte Hamster im Rad.

Holger fuhr in seiner fast nicht vorhandenen Freizeit Rad bis zur vollkommenen Erschöpfung. Neben Beruf und Familie betätigte er sich außerdem noch als Helfer bei allen Angelegenheiten im Freundes- und Bekanntenkreis. Um seine Familie zu ernähren, reichte das erwirtschaftete Geld immer weniger aus. Seine Frau musste von Anfang an mitarbeiten und alles erledigen, was Holger aus Zeitmangel zu Hause an Arbeit liegen ließ.

Innerhalb der ersten Jahre als Familie erschöpften sich beide so immer mehr. Holgers Antwort darauf war, noch mehr zu arbeiten, denn nur in der Arbeit gab es mittlerweile noch Anerkennung zu holen, leider aber nur wenig Geld. Britta, seine Frau, setzte hingegen auf Fortbildung. Selbst ungelernte Kraft ohne Schulabschluss, investierte sie für einen gewissen Zeitraum mehr Energie, um ihren Schulabschluss nachzuholen und sich anschließend per Abendschule beruflich fortzubilden. Innerhalb von drei Jahren verdiente sie so mit einer Halbtagstätigkeit doppelt so viel wir ihr Mann, der immer noch in seinem Hamsterrad gefangen war.

Als er eines Tages wieder einmal rasend durch die Gegend radelte, um seinem inneren Druck zu entfliehen, übersah er ein Auto, das die Straße überquerte. Er stieß frontal mit dem Auto zusammen und prallte mit dem Gesicht an den Kotflügel, während sein Rad viele Meter weit flog. Aber außer dass Holger einen Zahn verlor

und ein kleines Schleudertrauma davontrug, hatte sein Schutz-
engel hervorragend auf ihn aufgepasst.

Frisch von der ambulanten Behandlung im Krankenhaus entlassen,
tauchte er in meiner Praxis auf, als seine Frau gerade ein Coaching
bei mir hatte. Als er uns von seinem Unfall berichtete, der ein weiterer in einer ganzen Serie war, stellte ich ihn zur Rede. Ich sagte
ihm sehr nachdrücklich, dass er für sich, sein Leben und das Wohlergehen seiner Familie mitverantwortlich sei. Dann vereinbarten
wir einen Termin.

Als wir Rückblick hielten, erkannte Holger, dass er sich schon lange zu viel zugemutet hatte und damit sich und seine Familie um
Lebensqualität betrog. Seine Unfallserie entstand aus dem unbe-
wussten Verlangen, diesem Leben zu entfliehen und seinem Vater
zu folgen, den er so dringend im Leben gebraucht hätte. In hin-
gebungsvoller Kleinarbeit, mit einigen Rückschlägen, konnten wir
schließlich sein hartnäckiges Muster auflösen. Mit seinem Wunsch
nach bezahlter Fortbildung, um endlich die Tätigkeit, die er in seiner Firma ausübte, auch entsprechend gut bezahlt zu bekommen,
rannte er bei seiner Chefin offene Türen ein.

Mittlerweile hat er gelernt, in seinen Selbstwert zu gehen, zu dele-
gieren und ein sinnstiftendes Sozialleben außerhalb der Arbeit aufzubauen. Der Familienfrieden ist gerettet, auch Holgers Gesundheit. Es ist sogar möglich, dass er mit seiner Familie in Urlaub fährt
und diesen auch genießt.

Den größten Durchbruch brachte eine Aufstellungsarbeit, bei der
ich Holger seinem verstorbenen Vater gegenüberstellte und er
diesem seine Aufgabe als Familienoberhaupt zurückgab. Er sagte

dabei: »Ich bin in deine Fußstapfen getreten, als du nicht mehr warst. Ich habe es getan, um dir nahe zu sein und damit die Mama es leichter hatte. Das war ganz verrückt, und es war mir viel zu schwer. Ich gehe jetzt auf meinen Platz als dein jüngster Sohn, und nur als dein Sohn. Ich habe heute selbst eine Frau und Kinder. Heute bin ich der Papa, und ich bleibe am Leben. Ich darf es ganz anders machen als du, für mich und mein eigenes Leben. Ich bitte dich um deinen Segen.« So gab Holger seine viel zu schwere Aufgabe, die er im Alter von neun Jahren übernommen hatte, zurück, und wurde frei für sein eigenes Leben mit dem Segen seines Vaters.

Egal wo wir stehen, es lohnt sich immer,
das Hamsterrad einmal anzuhalten,
auszusteigen und das Leben neu zu ordnen.

Das gelingt uns oft schon bei einer langen Wanderung, einem guten Gespräch oder einer Auszeit über ein paar Tage. Ich habe noch niemanden erlebt, dem das nicht einen persönlichen Gewinn gebracht hätte.

Vom Mangel aus Trotz

Werden Sie zum Forscher. Forschen Sie in Ihrer Vergangenheit nach. Lassen Sie Ihren Lebensfilm einmal mental rückwärts ablaufen. Stoppen Sie den Film an der Stelle, wo Sie in den Mangel kamen. Auslösesituationen können zum Beispiel sein: Eltern getrennt, Vater Arbeit verloren, Mobbing auf dem Schulhof mit Taschengeldklau, elitäre Bekannte mit Markenklamotten, Geschwister wurden bevorzugt, Krieg etc. Sie haben sich nicht gut beschützt und versorgt gefühlt, woraus oft unbewusst Trotz entstand.

Dieser Trotz kann in Ihnen sitzen und ständig sagen: »Wenn es mir damals dieser oder jener (immer eine emotional wichtige Person) nicht gegeben hat (was auch immer Sie wollten), dann nehme ich es auch von keinem anderen!« Unbewusst warten Sie immer noch auf Gerechtigkeit und wollen mit Ihrem Mangel darauf hinweisen, dass hier noch kein Ausgleich geschehen ist.

Sie können jedoch noch so lange warten und sich der Fülle verweigern: Von dieser Person/diesem Personenkreis werden Sie nachträglich niemals Anerkennung bekommen.

Stattdessen können Sie das Geschehene als Erfahrung verbuchen. Sie haben es gar nicht nötig, von diesen Menschen geliebt zu werden! Kraft Ihres freien Willens haben Sie aber zu jedem Zeitpunkt die Wahl, aus dem Mangel herauszutreten.

Probieren Sie, statt immer am Gleichen zu haften, doch einmal etwas anderes aus.

Seien Sie es sich selbst wert,
die Menschen und Erfahrungen zu suchen,
die Ihnen geben, was Sie benötigen.

Sie selbst haben die Wahl, welche Rolle Sie spielen wollen. Es ist Ihre eigene Vorgabe, die die anderen erfüllen. Wann immer Sie wieder in die Opferrolle schlüpfen, spielen die anderen mit. Niemand weiß, dass Sie eigentlich etwas anderes wollen.

Zeigen Sie, was Sie wollen, und lernen Sie auch,
das anzunehmen, was andere Ihnen anbieten.

Wenn Sie es nicht annehmen oder missachten, werten Sie die Person ab, die es Ihnen gibt. Unbewusst identifizieren Sie die gebende Person mit der Person, die Sie damals missachtet hat. Sie kann aber nichts dafür und sollte deshalb von Ihnen auch nicht bestraft werden. Auf diese Weise werden Sie jedoch nichts mehr erhalten. Das kennen Sie schon? Nun, niemand kann das ändern außer Sie selbst.

Manche Menschen gehen auch in den Mangel, weil ein anderer nichts hat, so wie in dem folgenden Beispiel:

Aus der Praxis:
»Ich tu's für dich!«

Sabine S., eine Klientin von mir, fand es schon immer besonders schrecklich, dass ihre große Schwester, die wie eine zweite Mutter für sie war, vom Vater zweitrangig behandelt und nicht anerkannt wurde. Die Mutter hatte die große Schwester mit in die Ehe gebracht.

Die Moral von der Geschicht' lautete bei meiner Klientin: »Wenn die Heidi es nicht bekommt, nehme ich's auch nicht vom Vater.« Sie heiratete nicht, bekam keine Kinder und wählte trotz guter Ausbildung und Fähigkeiten immer wieder den Weg, der sie materiell an den Abgrund führte. Ihr Geschäft steckte in großen finanziellen Schwierigkeiten. Parallel dazu entwickelte Sabine eine Krankheit, die ihren Darm zu zerstören drohte. Sabine konnte die Nahrung, die sie zu sich nahm, kaum noch verdauen. Schließlich wurde ihr Zustand lebensbedrohlich.

Wie so oft geht man erst zum Therapeuten, wenn vorher alles andere nicht geholfen hat. Die Klientin wurde von ihrer großen Schwester in die Praxis gebracht, mehr liegend als stehend.

Mit systemischer Aufstellungsarbeit nach Kuby und Aufarbeitung des Trotzes, der meine Klientin fast das Leben gekostet hätte, lernte sie erstaunlich schnell, sich wieder – auch an den richtigen Quellen – zu nähren. Sie konnte ihre Krankheit auf mentaler und psychischer Ebene auflösen. Ihr Körper regenerierte sich dadurch vollkommen. Sabines Geschäft kam erneut in Schwung. Sie verkaufte es mit gutem Gewinn und lebt heute ihren beruflichen und privaten Traum.

Ihre große Schwester, die vom Stiefvater (aus Eifersucht auf ihren Vater, dem er sich wiederum unterlegen fühlte, wie wir herausfanden) gemobbt wurde, machte rechtzeitig eine Therapie. Ihr geht es seit vielen Jahren gut, und sie hat sich privat und beruflich all das aufgebaut, was sich meine Klientin in falscher Solidarität versagt hatte.

So sinnlos sind Opfer meist. Dies erkannte auch meine Klientin gerade noch rechtzeitig.

Alle Trotz-Mangel-Programme, die mit den engsten Verwandten verbunden sind, werden am schnellsten und nachhaltigsten durch die systemische Familienaufstellung aufgelöst und befriedet. Dies geschieht immer zum Nutzen aller Beteiligten.

Wenden Sie sich hierzu aber ausschließlich an Personen, die auch Therapeuten sind. Mit ihrer Ausbildung haben sie einen besonderen Hintergrund und können jede Situation auffangen.

Bereit für Veränderung?

Über die Illusion, die Realität und den Mut, hinzusehen

Die modernen Ritter und Burgfräulein stehen nicht mehr der tatsächlichen mittelalterlichen Gefahr gegenüber: der Unwissenheit! Jeder, der das heute will, kann sich informieren und seinen Standpunkt objektivieren. Wer besser informiert ist, hat mehr Wahlmöglichkeiten in seinem Leben.

Unsere heutige Herausforderung ist es, die Realität hinter all den künstlich aufgebauten, bedürfnisorientierten Illusionen zu erkennen. Die Illusion dieser Bedürfnisse und deren Befriedigung bringt uns dazu, uns selbst als Ware, die sich verkaufen lässt, zu betrachten. Wir verirren uns in diesem Labyrinth aus Trug und Schein und verlieren uns darin.

Es braucht Mut, stehen zu bleiben, sich umzudrehen und das eigene Leben anzuschauen. Sie haben diesen Mut in sich, sonst hätten Sie dieses Buch nicht gekauft. Vertrauen Sie Ihrem Mut, der Sie auch Unbequemes aus dem Weg räumen lässt, sodass Sie in die Freiheit gelangen können. Damit der Mut immer als Freund und Helfer an Ihrer Seite bleibt, schlage ich vor, Sie geben ihm einen Namen. Meiner heißt Earnie (vom englischen »to earn« = verdienen). Fühlt sich einfallsreich, lustig und beharrlich an ...

Die Wirklichkeit ist unser individueller Spielraum im Hier und Jetzt, den wir mit all unseren Sinnen erfassen und füllen können. Eigenverantwortlich. Der Reichtum ist nur in der Wirklichkeit, in dem Raum, den wir Realität nennen, möglich.

Niemand bestimmt unsere Wirklichkeit außer wir selbst.

Schicksal ist etwas, das sich erfüllt, weil es von uns geschaffen wurde. Ja, wir tun auch manchmal etwas Gutes für uns und lassen es in unsere Wirklichkeit treten. Nur erzwingen lässt sich nichts. »Wirklichkeit« kommt von »wirken« und bedeutet, selbst zu handeln und nicht handeln zu lassen. Nur Mut!

Die Wirklichkeit erschaffen wir selbst,
einzeln und kollektiv.

Wir haben immer die Wahl. Nehmen wir für die Erschaffung unserer Wirklichkeit negative oder positive Erfahrungen zu Hilfe? Wenn wir gern dazulernen und dabei die positiven Erfahrungen suchen, sind wir immer auf dem neuesten Stand. So kann uns keine böse Überraschung treffen.

Alles Negative und auch Positive,
das uns heute geschieht,
haben wir bereits gestern erschaffen.

Nach dem Gesetz der Resonanz findet es uns heute, also auch Reichtum und Armut in jeder Form. Wenn Sie sich augenblicklich nicht in allen Lebensbereichen in Ihrer Kraft fühlen, dann beginnen Sie jetzt, sich eine bessere Wirklichkeit zu schaffen.

Warten Sie nicht länger, beginnen Sie jetzt!

Sind Sie angespannt, verwirrt, unruhig, traurig oder wütend, steht das zwischen Ihnen und Ihrem Kontakt zur Wirklichkeit. Bevor ich mir in der Wirklichkeit meine Zukunft in inneren Bildern ausmale, mache ich oft folgende Übung – vielleicht hilft sie Ihnen auch.

Übung: Innere Befreiung – stummer Schrei

Sie können diese Übung überall machen, wenn Sie »Druck ablassen« wollen.

Schließen Sie die Augen. Stellen Sie sich einen Platz vor, an dem Sie sich frei fühlen. Ich zum Beispiel stehe immer auf einer grünen Klippe über dem weiten Meer, wo ein frischer Wind weht.

Sammeln Sie nun in Ihrem Bauch und Ihrem Kopf alle Spannungen ein. Stellen Sie sich breitbeinig und stabil hin. Spannen Sie nun alle Muskeln an. Schreien Sie so laut, wie Sie können, aber nur innerlich. Spannen Sie Ihren Körper so an, als würden Sie tatsächlich mit aller Kraft laut schreien. Schreien Sie innerlich, bis alles, was Sie hindert, in der Wirklichkeit zu sein, sich aufgelöst hat.

Öffnen Sie nun die Augen. Klopfen Sie Ihren Körper von unten nach oben ab. Atmen Sie tief ein. Suchen Sie mit Ihrem Blick alles Schöne um sich herum – es gibt immer etwas zu finden. Lachen Sie den nächsten Menschen, der Ihnen begegnet, freundlich an. Sehen Sie ihm dabei offen in die Augen. Ohne Vorurteil.

Fragen Sie nun Ihre Sinne, was sie benötigen. Schauen Sie, hören Sie, riechen Sie, schmecken Sie, fühlen Sie mit wachen Sinnen die Gegenwart. Freuen Sie sich genau jetzt über den Augenblick.

Wenn etwas noch nicht so ist, wie Sie es wollen, ändern Sie es jetzt mit kleinem Einsatz. Nehmen Sie das, was Sie jetzt tanken, mit in den Tag. Das ist die Wirklichkeit. Das, was Sie jetzt Schönes erlebt haben, wird Ihnen in der Zukunft wieder begegnen. Achten Sie darauf.

Übung zum Reichtum für Unentschlossene

Das Ziel dieser Übung ist es, Ressourcen zu aktivieren und Veränderungen den Weg zu bereiten.

Die Wenn-dann- und Ja-aber-Sager wollen keine Veränderung. Sie halten sie bei aller Sehnsucht für zu beschwerlich oder gefährlich. Die materielle Selbstermächtigung wird gesehen, soll aber in Wartestellung bleiben.

Fragen Sie sich: Was könnte im allerschlimmsten Fall geschehen, wenn ich mich auf Veränderung einlasse? Und was im allerschönsten Fall?

Das Kernthema: Was bedeuten Sich-Einlassen und Verbindlichkeit für Sie? Was sind Ihre negativen/positiven Erfahrungen damit? Was hindert Sie daran, einfach neugierig zu sein und loszulegen? Was brauchen Sie, um loszulegen?

Es geht hierbei nicht um 10 000 Euro, nein, es geht um das, was dahinter liegt. Was bedeuten 10 000 Euro für Sie?

Zum Beispiel Freiheit, Sicherheit, Spielraum … Aha! Wie kommen Sie also zu dem benötigten Gefühl von Sicherheit, Freiheit und Spielraum? Auch jetzt schon, nicht erst, wenn Sie das Geld haben!

Irgendwann, irgendwo haben Sie das schon mal erlebt, deshalb wollen Sie es sich wieder erwerben.

Begeben Sie sich an einen Ort, wo Sie frei von Störungen sind. Denken Sie an Ihren Wunsch und die Blockaden, die Sie daran hindern, diesen Wunsch Wirklichkeit werden zu lassen. Stellen Sie sich nun vor, über Ihrem Kopf schwebt ein Luftballon an der Decke. Schließen Sie die Augen. Atmen Sie alle aktuellen Gedanken, alle Unruhe in den Luftballon hinein. Das können Sie auch während der Übung tun, falls Gedanken oder Unruhe Ihnen dazwischenkommen wollen. Erinnern Sie sich an Situationen, in denen Sie sich sicher, frei und mutig fühlten. Versetzen Sie sich nacheinander in die Situationen von damals. Kosten und fühlen Sie jede dieser Situationen einzeln mit allen Sinnen. Was gibt es zu hören, zu fühlen, zu riechen, zu sehen, zu schmecken? Geben Sie sich ganz hin, und genießen Sie.

Irgendwann kommt so ein ganz großes »JAAA-Gefühl«. Machen Sie eine Bewegung oder einen Laut dazu. Sehen Sie sich dann vor Ihrem Wunsch stehen, und machen Sie jetzt diese Bewegung, dieses Geräusch noch einmal. Sie implantieren damit Ihre positiven Gefühle in Ihren Wunsch. Ihr Wunsch gewinnt an Substanz, wird strahlender und größer. Die Blockaden in Form von Bedenken und Ängsten zwischen Ihnen und Ihrem Wunsch lösen sich auf und weichen. Bleiben noch Blockaden stehen, fragen Sie sie, wo und wem Sie noch Achtung und Respekt zollen sollen. Der erste Gedanke, der kommt, ist immer richtig. Machen Sie Frieden, das heißt eine ernst gemeinte kleine Verbeugung vor dem, was Sie noch zu achten oder zu respektieren haben. Das kann auch und vor allem Ihre eigene Person sein.

Wenn Sie somit alle störenden Blockaden beseitigt haben, begeben Sie sich in Ihren Wunsch mit allen Sinnen hinein. Finden Sie auch hier wieder die »JAAA-Bewegung« oder das »JAAA-Geräusch«. Genießen Sie die Vereinigung mit Ihrem Wunsch mit allen Sinnen, solange Sie wollen. Holen Sie die Vereinigung mit Ihrem Wunsch ins Hier und Jetzt. Geben Sie Ihrem erfüllten Wunsch einen guten Platz in Ihrem Inneren. Er wirkt dort wie ein Magnet. Wenn Sie ihn in der Wirklichkeit noch haben wollen, wird er sich auch dort erfüllen. Sie sollten aber in der Zwischenzeit tätig bleiben und die Tür weit dafür offen halten. Umarmen Sie sich jetzt selbst, und klopfen Sie sich anerkennend auf die Schulter.

Anschließend holen Sie Ihren Luftballon wieder von der Decke herunter. Wenn Sie ihn noch brauchen, nehmen Sie ihn mit, ansonsten lassen Sie ihn mit der Bitte um Recycling aus dem nächsten Fenster fliegen.

Bei der nächsten Wenn-dann- oder Ja-aber-Attacke machen Sie diese Übung erneut. Sie werden sie bald nicht mehr brauchen. Ermächtigen Sie sich zum Handeln – ohne Zweifel.

Vom Willen zur Veränderung

Ihr freier Wille ist ein machtvolles Instrument!

Lassen Sie sich dieses Instrument niemals wegnehmen oder zerbrechen. Ist Ihnen dies irgendwann geschehen, dann gehen Sie innerlich als Ritter oder Amazone in die Situation(en) zurück, und befreien Sie Ihren freien Willen aus dem Machtbereich derer, die ihn geraubt haben.

Setzen Sie Ihren freien Willen immer wohlwollend und niemals zerstörerisch ein, sonst zerstören Sie sich selbst. Richtig eingesetzt ist Ihr freier Wille Ihr mächtigstes Instrument neben der Liebe.

Nur in Verbindung mit unserem freien Willen,
also freiwillig, ist Veränderung möglich.

Nur mit Ihrem freien Willen entscheiden Sie sich für ein reiches Leben in Selbstbestimmung. Nur so gelingt eine dauerhafte Veränderung in Ihrem Leben.

Aus der Praxis:
Fremder Wille

Herr K., ein behäbiger Einzelhandelskaufmann, der das Familiengeschäft der Eltern übernommen hatte, verheiratet und Vater von zwei Kindern in der Pubertät war, kam zu mir in die Praxis.»Mich hat meine Frau geschickt«, berichtete er. Auf meine Frage, ob er denn selbst einen Anlass sähe, sich bei mir behandeln zu lassen, antwortete er:»Ich weiß nicht, meine Frau hat zu mir gesagt, dass Sie so was wie Psychosomatik mit mir machen, also dass Körper und Seele miteinander zusammenhängen. Ich weiß mir keinen Ausweg mehr. Ich schlafe furchtbar schlecht, schrecke nachts hoch, bin dann schweißgebadet und habe nächtliche Atemaussetzer. Ich war deshalb schon einmal in einem Schlaflabor, da habe ich aber wunderbar durchgeschlafen, und sie haben nichts gefunden.« Ich fragte ihn nun, was seine Frau sich erhoffte, wenn er sich bei mir behandeln ließe.»Ja, die will, dass ich das Geschäft erweitere, damit für beide Kinder gut gesorgt ist. Aber ich habe Angst, dass ich mich hoffnungslos übernehme und ich das nicht mehr schaffe. Sie setzt mich schon sehr unter Druck.«

Ich bat ihn, das nächste Mal seine Frau zu dem Gespräch mitzubringen, und versicherte ihm, dass ich ganz in seinem Sinne handeln würde. Das erleichterte ihn sehr. Frau Mathilde K., eine kleine, drahtige und resolute Frau, erschien also zum nächsten Gespräch zusammen mit ihrem Mann. Ihre Lieblingssprüche waren »Man kriegt nichts geschenkt« und »Sicher ist sicher«. Woraus ich schloss, dass sie davon ausging, dass man sich alles hart erarbeiten muss und sie in ständiger Sorge um ihre Sicherheit und die der Familie war. In der Realität gab es dazu keinen Anlass, denn das Geschäft ernährte die Familie in gutem Mittelmaß.

Die Anamnese ergab, dass sie schon als Kind auf dem heimischen Bauernhof viel mitarbeiten musste. Herr K. dagegen wuchs als einziges Kind seiner Eltern auf, die in Ruhe ihr Geschäft aufbauten und sich in ihrer Existenz – innerlich – immer sicher fühlten. Herr K. arbeitete gern, aber er kannte keine Existenzängste. Mit den steigenden Ansprüchen der gemeinsamen Kinder wuchs Frau K.'s Angst, dass im übertragenden Sinne die Ernte nicht ausreichen würde, die Familie satt zu bekommen. So drängte sie ihren Mann immer heftiger, dass er doch das Geschäft erweitern möge, damit ihr eigenes Sicherheitsbedürfnis befriedigt war. Sie war diejenige, die den Willen zur Veränderung hatte und diese vehement einforderte. Das setzte ihren Mann so unter Druck, dass er sogar körperliche Symptome entwickelte. Mit Imaginations- und Entspannungsübungen konnte ich Frau K. helfen, in ihre eigene Mitte zu gelangen und sich selbst eine innere Sicherheit aufzubauen. So konnte sie die Realität entspannt wahrnehmen und sich anderen Dingen zuwenden.

Herr K. hatte zu diesem Zeitpunkt keinen Willen zur Veränderung, und auch ihm wurde klar, dass er das Geschäft nicht seiner Frau zuliebe vergrößern musste, wenn er sich damit nicht wohlfühlte. Er arbeitete weiter wie gewohnt und konnte auch wieder etwas anderes wahrnehmen außer dem Geschäft. Er schloss sich einem Radfahrverein an, verlor Gewicht, und sämtliche körperlichen Symptome lösten sich in Luft auf. Es war nicht sein Wille, eine Veränderung anzustreben, und er tat gut daran, dies nicht für seine Frau zu tun.

Der Wille zur Veränderung muss in jedem Fall einem eigenen Impuls entspringen. Dann sollte man ihn noch einmal hinterfragen und, wenn das Herz Ja sagt, auch ohne Bedenken danach handeln.

Aus der Praxis:

Von den Büchern zu den Bienen

Von einem Kollegen wurde mir eine 58-Jährige, hochgewachsene, sehr schlanke, sehr nervöse Frau überwiesen, die unter chronischem Erbrechen litt. Mein Kollege war mit seinem Latein am Ende und meinte, hier müssten psychische Probleme zugrunde liegen.

Susanne H. kam sichtlich nervös und getrieben in meine Praxis. Sie hatte eine ungesunde, fahle Haut und schütteres Haar, die Fingernägel an den ständig nestelnden Händen waren brüchig und glanzlos. Ihre tiefblauen Augen wanderten unruhig im Zimmer hin und her und schafften es nur kurz, in meine Augen zu blicken. Alles an Frau H. erinnerte mich an einen hungrigen Menschen auf der Flucht.

Nach ein paar anfänglichen Atemübungen, um zur Ruhe zu kommen und sich auf unsere Sitzung einlassen zu können, ließ sich Frau H. mit einem tiefen Stöhnen in ihren Behandlungssessel fallen. Ihr Blick ging ins Leere, und sie wirkte abwesend. Auf einmal sprang sie wieder auf, sah mir direkt in die Augen und erzählte mir eindringlich und mit flehender Stimme von ihrer Arbeit: »Ich bin Buchhalterin, ich bin hyperkorrekt, weshalb ich bei so manchem Chef angeeckt bin, der es nicht so genau nahm. Ich kann Unehrlichkeit nicht leiden und muss dagegen angehen. Deshalb bin ich nur bei den ehrlichen Kollegen beliebt. Die kommen aber alle zu mir, und ich muss mich für sie aus dem Fenster lehnen. Wenn es Krach gibt, muss ich das durch Mehrarbeit wieder ausgleichen, um meinen Arbeitsplatz zu sichern. Der Stress wird immer mehr. Am Anfang habe ich mich nur abends nach der Arbeit aus Erschöpfung übergeben. Dann bekam ich Schlafstörungen. Als nächstes konnte ich schon morgens, wenn ich mich für die Arbeit fertig machte, keine Nahrung mehr bei mir behalten und habe mich schon zu Hause das erste Mal übergeben. Dann meistens in der Mittagspause wieder und noch einmal abends. Mittlerweile ist es schon so schlimm geworden, dass ich mich schon auf dem Weg zur Arbeit übergeben muss und es mich immer wieder würgt. Momentan bin ich krankgeschrieben, und ich weiß nicht mehr weiter.« Ich sagte ihr, dass es der erste Schritt zur Besserung ihrer Situation sei, dass sie sich nun helfen lasse. Wir würden eine Lösung finden, sodass ihr Leben ihr wieder Freude bereiten würde. Ich sah ihr an, dass sie mir nicht glaubte. Andererseits bat ihr Blick flehentlich um Hilfe.

Nun, wir gingen es an. In der Anamnese berichtete mir Frau H., dass sie als Erstgeborene ein Junge hätte werden sollen, um später den väterlichen Juwelierbetrieb zu übernehmen. Für sie als Mädchen kam das nun nicht infrage, und auch ein Studium verweigerte man ihr. Stattdessen musste sie den vom Vater ausgewählten Beruf einer Buchhalterin erlernen, um in untergeordneter Position als Angestellte im Familienbetrieb mitzuarbeiten. Ihr sechs Jahre jüngerer Bruder erbte den Betrieb und ging damit Pleite. Nun saß Frau H. mit einem Beruf, den sie nicht selbst gewählt hatte, gekündigt auf der Straße. Sie machte sich auf und fand in einem Betrieb für Druckgussteile eine Stelle als Buchhalterin. In ihrem Inneren schlummerte ständig der Groll über die ungerechte Behandlung durch den Vater, denn sie war sicher, dass sie den elterlichen Betrieb hätte retten können, hätte man sie nur in die Führungsposition gesetzt. Mit den Jahren begann Frau H.'s Körper, mehr und mehr zu rebellieren. Ihr Beruf, den sie für den elterlichen Betrieb erlernen musste, kam ihr in einem anderen Betrieb sinnlos vor. Sie versuchte, das Beste daraus zu machen, und sah keine Alternative, was zu ihrem bedauernswerten Zustand führte.

In den nächsten Sitzungen arbeiteten wir Frau H.'s Kränkungen aus der Kindheit und Jugend auf, und ich bat sie, sich an unbeschwerte Zeiten in ihrer Kindheit zu erinnern und daran, was sie damals am liebsten tat. Sie sagte: »Am wohlsten habe ich mich immer mit dem Opa Brenner (der Nachbar) gefühlt. Der war immer so ruhig und hat vor sich hin gesummt und hat mir stundenlang zugehört, wenn ich Geschichten erzählt habe. Eine große Ehre war es für mich, als einziges der Kinder mit zu seinen Bienen gehen zu dürfen. Er war Imker aus Leidenschaft. Während er ruhig und fast meditativ seine Arbeit tat, durfte ich zusehen und lernen. Ich dachte mich in den Bienenstock hinein bis hin zur Bienenkönigin, als die ich mich dann auch fühlte. Die Arbeitsbienen waren der Hofstaat. Ich gab ihnen Namen, und wir erlebten fantastische Geschichten. Dies alles hörte sich Opa Brenner geduldig und mit einem Schmunzeln in seinem faltigen Gesicht an. Bei ihm war ich endlich einmal genau richtig, so, wie ich war. Zu Hause dagegen habe ich nie richtig in die Form gepasst und wurde ständig kritisiert.«

Frau H. hatte aus der Not eine Tugend gemacht. Sie hatte die ständig kritisierende Instanz ihrer Eltern internalisiert und war überkritisch sich selbst gegenüber geworden sowie hyperkorrekt in ihrer

Arbeit. Dies hatte ihr keine Freunde gebracht und sie unglücklich gemacht.

Mittels Gesprächen und Übungen aktivierten wir die Opa-Brenner-Instanz in ihrem Leben wieder. Frau H. wollte nie Buchhalterin sein, sondern eigentlich schon immer Imkerin werden. Weil ihr Wille zu einer positiven Veränderung im Leben ständig gebremst worden war, wurde sie darüber sehr krank. Nun, da ich ihr Rückendeckung gab, ihren freien Willen zu leben und die Veränderung zu dem, was sie wirklich wollte, einzuleiten, traute sie sich diesen Schritt endlich zu.

Heute lebt sie in einer netten Gemeinde auf einem kleinen Berg im Odenwald, hat eigene Bienenvölker und ein Geschäft, in dem sie eigene Waren verkauft. Sie ist gesund, rundum glücklich und hat sogar noch Familienanschluss gefunden. In der örtlichen Imkervereinigung lief ihr ein netter Witwer mit Kindern und Enkelkindern in die Arme.

Ihr ständig gebremster Wille zur Veränderung ihrer Situation hätte sie fast umgebracht. Als wir ihn befreiten, hat er ihr das Leben gerettet.

Vom richtigen Zeitpunkt

Sie selbst bestimmen den richtigen Zeitpunkt. Seien Sie sich bewusst, dass der richtige Zeitpunkt über Leben und Tod entscheiden kann. Denken Sie einmal darüber nach, Sie werden viele Beispiele dafür finden.

Wenn Sie wissen, was Sie wollen, ist der persönlich richtige Zeitpunkt für Sie entscheidend, es zu tun.

Ein Beispiel:

Eine liebe Freundin von mir hatte eine problemlose Schwangerschaft. Eine natürliche Entbindung war geplant und gut vorbereitet.

Eines Abends streichelte ihr Mann über ihren runden Bauch. Der fühlte sich hart an, und der Mann sagte:»Sofort in die Klinik, da stimmt was nicht!« Das Elternpaar flog förmlich ins Krankenhaus, und es stellte sich heraus, dass die Plazenta sich frühzeitig abgelöst hatte. Die Mutter drohte zu verbluten und das Kind im Mutterbauch zu ersticken. In der Klinik konnte das Leben von Mutter und Kind gerettet werden.

Der Mann hatte seiner Wahrnehmung vertraut und seine Frau ihm. Hätte nun meine Freundin, die sich anfangs gar nicht schlecht fühlte, darauf bestanden zu warten, weil sie doch eine so schöne Geburt geplant hatte, wären sie und ihr Kind gestorben.

Durch die Bauchdecke der Mutter fühlte der werdende Vater die Not des Kindes und handelte sofort zum richtigen Zeitpunkt. Auch wenn er es rational nicht begründen konnte zu diesem Zeitpunkt, handelte er zu 100 Prozent richtig und rettete damit seiner Frau und seinem Kind das Leben.

Mein Vertrauen, etwas, was mich betrifft, zu dem für mich richtigen Zeitpunkt zu tun, hat mir schon oft großes Glück beschert und sogar das Leben gerettet. Es lohnt sich, darauf zu vertrauen und diesem Impuls auch zu folgen, wenn er kommt. Nutzen Sie Ihr drängendes Gefühl für den richtigen Zeitpunkt, wenn es um Ihren inneren oder äußeren Reichtum geht. Sie handeln in Ihrem Leben unbewusst die ganze Zeit über automatisch zum richtigen Zeitpunkt, wenn Sie sich und Ihrer Wahrnehmung vertrauen.

Vertrauen Sie Ihrer Wahrnehmung, und lassen Sie sich unter keinen Umständen davon abhalten.

Die Fessel der Abhängigkeit

Wenn wir uns in unserer Lebenssituation unwohl fühlen, haben wir den Drang, unsere Lebensumstände zu verändern. Es gibt verschiedene Ansätze, um aktiv eine Verbesserung der gegenwärtigen Situation zu erreichen.

Veränderung der Einstellung zur Lebenssituation

Hierbei nehmen wir unsere Lebenserfahrung zu Hilfe. Wir aktivieren unsere persönlichen Ressourcen, vergleichen Situationen, holen uns Rat von Freunden und Familie – und beurteilen neu. Auch können alle Formen der Selbsterfahrung ergänzend und als Außenressource in Anspruch genommen werden. Die Belohnung ist eine Neubewertung der Lebenssituation. Ziele und Ausrichtungen verändern sich, werden neu definiert.

Allein der Wechsel der Perspektive kann aus einem armen einen reichen Menschen machen.

Der innere Hausputz fördert viel alten Ballast zutage, den Sie nun entsorgen können. Sie fühlen sich freier, erneuert, wieder mehr in Ihrer Kraft und Klarheit. Das Gefühl, das eigene Leben selbst steuern zu können, ist wieder präsent. Die Voraussetzung zum sinnvollen Handeln in der eigenen Sache ist gegeben.

Veränderung in der äußeren Lebenssituation

Diese veränderten Lebensbedingungen können sich entweder ohne Ihr eigenes bewusstes Zutun oder aktiv von Ihnen initiiert manifestieren.

Hierzu gehören Umzüge, Heim- und Klinikaufenthalte, Urlaube, veränderte Bedingungen und Betätigungsfelder am Arbeitsplatz, Veränderung der Umwelt durch Katastrophen, Kriege, Grenzverschiebungen etc., Änderungen des Beziehungsstatus wie Trennung, Heirat, Elternschaft usw.

Stellen Sie sich der Situation, laufen Sie nicht davor weg. Ihre Belohnung ist die Gewissheit Ihrer inneren und äußeren Stärke. Sie erwerben das Selbstbewusstsein, mit den Wechselfällen des Lebens umgehen zu können und in irgendeiner Form einen persönlichen Gewinn daraus zu ziehen.

Eine Freundin erzählte mir, wie ihr Jobverlust vor ein paar Jahren bei ihr einen Wechsel der Perspektive herbeiführte: »Nie hätte ich mich getraut, von mir aus zu kündigen, da ich ja, wie ich dachte, einen sicheren Arbeitsplatz hatte. Ich war überzeugt, in meinem Alter sowieso keinen neuen Job in meiner Qualifikation mehr zu finden. Hinzu kam, dass die Vorstellung, in einer anderen Firma auch wieder im Angestelltenverhältnis zu arbeiten, mich nicht sonderlich reizte. Käfighaltung, so nannte ich diese Art Arbeit immer. Als ich aber dann arbeitslos wurde, war ich auf einmal frei und überlegte mir, was ich für Ressourcen und Fähigkeiten habe – und das waren eine ganze Menge! Und so konnte ich mich selbstständig machen und musste nicht wieder in den Käfig zurück.«

Nun zur passiven Form der Lebensveränderung: Gekoppelt hieran ist immer die Illusion, dass ein anderer für Sie die Angelegenheit regelt. Sie geben die Verantwortung für zumindest Teile Ihres Lebens in fremde Hände. Ob Sie nun in die Abhängigkeit eines Glaubenssystems religiöser, politischer oder wirtschaftlicher Natur gehen, liegt bei Ihnen. Wenn Ihr äußerlich erwachsenes Ich innerlich noch nach Eltern sucht, sind Sie besonders anfällig für Abhängigkeit.

Alle Arten von Sucht, von denen es unzählige gibt,
sind eine Form wirtschaftlicher Abhängigkeit.

Die Erzeugung von Alkoholikern, Spiel- und Konsumsüchtigen, Pharmaabhängigen, Sektenabhängigen, Abhängigen von körper-, seelen- und geistfeindlichen Praktiken ist der Wirtschaftsfaktor schlechthin! Kein Wunder, dass in den sogenannten reichen Ländern die Suchtrate am höchsten ist, denn hier gibt es am meisten zu holen.

Ebenso haben wir mittlerweile mithilfe des »medizinischen Fortschritts« erfolgreich die meisten Krankheitsbilder der Erde gezüchtet. Es gibt sogar immer mehr anerkannte Krankheitsbilder, die nur auf die Nebenwirkungen von Medikamenten zurückzuführen sind. Wenn das kein Selbstläufer für die Pharmaindustrie ist!

Der Irrwitz: Weit und breit ist kein Ankläger in Sicht, alle menschlichen Wirtschaftsfaktoren spielen das Spiel willig und unreflektiert mit.

Wenn wir einen angenehmen Einstieg ins Leben hatten, haben uns unsere Eltern geliebt und wohlmeinend gefördert. Ohne Bedingung und vor allem ohne Preis. Das ist das beste Fundament gegen Abhängigkeit in jeder Form. Wer das nicht hatte, neigt dazu, nachzuholen, was er vermisst hat. Auf diese Menschen hat es die Wirtschaft der Abhängigkeit abgesehen. Es gibt hier ein unüberschaubar breites Angebot an »Ersatzeltern«. Slogans wie »Wir machen den Weg frei …«, »Bei uns sind Sie in guten Händen …«, »Ihre Gesundheit liegt uns am Herzen …« suggerieren uns Interesse an der eigenen Person. Elterliches Wohlwollen eben. Wer will sich da nicht geborgen und gut aufgehoben fühlen?

Die, die wir jetzt zu »Ersatzeltern« machen, indem wir ihnen in vielen Bereichen die Verantwortung über unser Leben geben, bedienen sich skrupellos. Diese Unternehmen haben keine persönliche Beziehung zum Konsumenten, also auch kein Gewissen für ihr Handeln am Kunden. Wie ein Arzt einmal zynisch zu mir sagte: »Man muss die Patienten in einem zahlungsfähigen Krankheitszustand halten.« (Das Wort Patient kommt vom lateinischen patiens = dulden, leiden. Ein Patient befindet sich demnach in einer passiven Position.)

Wenn Sie abhängig sind, sind Sie jemand, der anderen die Macht gibt. Mit unserer Abhängigkeit, die Milliarden in die Kassen der Hersteller und Anbieter fließen lässt, wiederholt sich das Wirtschaftswunder der Nachkriegszeit noch einmal. Nur diesmal geht der Schuss für die Beteiligten und ihre Familien nach hinten los.

Werbung manipuliert uns in die gewünschte Richtung: Sie erhalten Informationen nicht mehr über den sicheren Weg, zum Beispiel wenn Sie Personen Ihres Vertrauens nach deren Erfahrungen mit der Ware fragen, sondern über anonyme Wege. Da werden positive Erfahrungen mit irgendwelchen Produkten von irgendwelchen erfundenen Personen vorgegaukelt, die Sie überhaupt nicht kennen. Sie aber glauben und vertrauen der Information, warum auch immer. Absurd, oder?

Wir sind fest in den Händen der Wirtschaft. Man denke nur an all die künstlich erzeugten »Hypes« nach irgendwelchen Sachen, die wir nur ganz kurz benutzen können, da der nächste »Hype« uns schon wieder zum Kauf des Folgeproduktes auffordert – und wir, die wir süchtig sind, folgen brav wie eine Schafherde.

Wie können Sie sich erklären, dass zum Beispiel Zigarettenmarken immer mit Unabhängigkeit, Freiheit und Kreativität in der Lebensführung werben, wenn sie die Person, die sie kauft, töten können, wie es dick gedruckt auf der Schachtel steht. Das ist die Gehirnwäsche der verbrecherischen Werbung. Wer in einer dieser Werbefirmen arbeitet, trägt Mitverantwortung an dieser Gehirnwäsche, die zum Tod führen kann. Schon zum Tod junger und immer jüngerer Menschen. Allein jeder Achte stirbt in Deutschland direkt oder indirekt an den Folgen von Alkohol! Wenn wir dann noch betrachten, woran die anderen Menschen sterben, kommen wir garantiert auf eine Rate von 90 Prozent oder mehr, die an den Folgen irgendeiner Sucht sterben.

Sucht heißt, auf der Suche zu sein … wonach?

Nach sinnstiftendem Leben.

Geben Sie dafür die Verantwortung in die Hände anderer, die Sie gar nicht kennen, und geben Sie denen die Macht über Ihr Leben, brauchen Sie sich nicht zu wundern, wenn Sie unzufrieden sind und früh sterben. Sie haben sich selbst abhängig gemacht. Ja, so direkt sage ich das hier.

Es ist nie zu spät, statt immer weiter das Gleiche zu tun, doch einmal etwas anderes zu wagen. Stimmt's? Deshalb halten Sie dieses Buch in Ihren Händen.

Ein Ausstieg aus jeglicher Form von Sucht gelingt nur,
wenn Sie Ihr Inneres Kind erlösen und stärken,
erwachsen werden und in die Eigenverantwortung gehen.

Dann haben Sie alle Chancen der Welt auf ein erfülltes, sinnstiftendes Leben. Ausstiegshilfen gibt es in jedem Fall genug. Der erste Schritt in die richtige Richtung ist der, die persönliche Sucht nicht zu bagatellisieren, sondern mutig hinzuschauen. Sie sind nicht allein! Die Übungen in diesem Buch helfen Ihnen dabei.

Friede mit den Vorvätern

»Was du ererbt von deinen Vätern hast, erwirb es, um es zu besitzen.«* Dieses bekannte Zitat aus Goethes Faust-Tragödie bezieht sich auf das Wissen aus Büchern, die Faust von seinem Vater geerbt hat. Und doch kann man diese Worte auch auf den materiellen Besitz anwenden, der als Erbe unserer Vorfahren zu uns gelangt ist. Auch das materielle Erbe, ebenso wie das geistige, will in Besitz genommen und klug genutzt werden, auf dass es weiteren Generationen dienen kann.

Wenn wir kein Wissen über unsere Vorväter und das, was sie erworben haben, besitzen, achten wir auch nicht dessen Herkunft und somit auch nicht unsere eigene.

Wenn Sie Sozialhilfe erhalten, haben dieses Geld und die Möglichkeit der Sozialhilfe auch Ihre Vorväter geschaffen. Das Geld kommt nicht von einer anonymen Bank oder vom Amt. Nein, Menschen haben es erworben und geschaffen. So, wie Sie mit dem Geld umgehen, so gehen Sie mit den Menschen um, die es geschaffen haben.

Wir haben nicht das Recht, von anderen zu erwarten, im Umgang mit Geld und Besitz perfekt zu sein. Aber was uns selbst betrifft, haben wir die Möglichkeit, Erkenntnisse zu gewinnen, zu wachsen und Vorbild zu sein. Dies ist in jeder Lebenslage möglich, ohne Wenn und Aber. Wenn Sie diese Möglichkeit nicht wahrnehmen und das, was Sie besser machen könnten, nicht besser machen, werden Sie materiell unselbstständig bleiben.

---

* Goethe, Johann Wolfgang von: *Faust I,* Zeile 682 f.

Ob wir unsere Vorväter und -mütter nun kennen oder nicht, wir haben welche. Und zwar eine riesige Pyramide davon. Schweben Sie einmal in der Fantasie über Ihrer Person, und sehen Sie sich von oben: Hinter Ihnen stehen Ihre Eltern und Geschwister. Hinter Ihren Eltern stehen deren Eltern und Geschwister. Dahinter Ihre Großeltern und deren Geschwister. Dahinter die Urgroßeltern usw. In null Komma nichts stehen auf diese Weise allein von den letzten drei bis vier Generationen 30 bis ein paar Hundert Personen hinter Ihnen, mit denen Sie alle verwandt sind.

Die direkten Eltern, Großeltern etc. haben Ihnen jeweils ein Art Buffet mit Betrachtungsweisen und Erfahrungen hinterlassen. Sie haben davon für Ihr eigenes Leben bekommen oder genommen, was sinnvoll erschien. Es besteht eine nicht vorstellbare Anzahl an Kombinationsmöglichkeiten. Sie leben eine davon.

Es kann sein, dass Sie feststellen, dass Sie sich übernommen haben oder dass Ihnen noch wichtige Zutaten, die Ihr Leben bereichern sollen, fehlen. Am großen Buffet Ihrer Ahnen ist alles reichlich vorhanden, was Sie für ein erfülltes Leben benötigen. Die Grundvoraussetzung ist, dass Sie wissen: »Jeder lebt nur für sich selbst. Jeder ist nur für sich selbst verantwortlich!« Ich kann einem anderen helfen und für ihn sorgen, aber nie dessen Leben leben oder planen. Das geht erfahrungsgemäß immer schief. Also sollte ich es gar nicht erst versuchen. Auch nicht, um wichtig zu sein oder gesehen zu werden. Der Preis ist zu hoch!

Aus der Praxis:

Das schwarze Schaf

Als ich meine Praxis noch im München hatte, stand eines Tages unangemeldet Herr v. M. in der Tür, ein gut gekleideter, sehr bekannter und sehr reicher Geschäftsmann. International bekannt und mit häufiger Präsenz in der Presse.

Er hatte gehört, dass ich auch Geschäfte »therapieren« könne. Sein Auslandsgeschäft in der USA lief als einzige Niederlassung wie eine Achterbahn, fing sich dann aber immer wieder. Nun wollte er der Sache auf den Grund gehen.

Herr v. M. war ein guter Geschäftsmann alter Familientradition. Seine Vorfahren hatten schon seit über 170 Jahren Auslandsgeschäfte aufgebaut und waren erfolgreich damit gewesen.

Herrn v. M.'s Schwester war international in Pferdesport und Pferdezucht tätig. Als sie erfuhr, dass ihr Bruder sich in meine Beratung begeben hatte, gesellte sie sich dazu. Sie hatte nämlich speziell mit den USA das gleiche Problem, obwohl sie sonst erfolgreich war. Das Problem beider hatte nichts mit der Wirtschaftslage in den Staaten zu tun.

Merkwürdig war, dass Herrn v. M.'s und Frau v. K.'s Geschäfte dort so lange gut liefen, wie sich beide dort nicht aufhielten. Jede Order, die sonst von den Geschwistern aus Deutschland kam, wurde erfolgreich ausgeführt.

Was steckte also dahinter, dass beide mit ihrer persönlichen Präsenz in den USA nur Pleiten produzierten und dort regelmäßig ihre Kompetenz verloren? Sogar auf dem gesellschaftlichen Parkett war das der Fall. Kontakte, die sich gut und vielversprechend anließen, endeten regelmäßig desaströs. Dies alles nur in den USA, wohlgemerkt. In Deutschland und anderen Ländern passierte so etwas nicht.

Ich lud beide Geschwister zu diversen Interviews in meine Praxis ein. Im Gespräch konzentrierten wir uns auf die Familiengeschichte, die Ahnen und ihre Geschäfte.

Ich hatte einen Verdacht und war auf der Suche nach »schwarzen Schafen«, nach ausgegrenzten Personen in der Familie. Sie werden aus diversen Gründen »aussortiert« und totgeschwiegen, gehören für die Sippe nicht mehr dazu. Um sie der Gemeinschaft wieder präsent zu machen, müssen spätere Generationen in ihrem Verhalten an sie erinnern. Verlieren nämlich Angehörige der Familie ihre Zugehörigkeit, dem stabilen Geflecht der Familie, wird dem System Lebenskraft entzogen. Wenn hier aufgeräumt wird, laufen die Geschäfte wieder, Kinder kommen, Gesundheit entsteht. Die Nachfahren sind unbewusst daran interessiert, den Webteppich der Familie zu reparieren, damit es für alle gut weitergeht.

In diesem Fall handelte es sich um einen direkten Ahnen, von dem die Geschwister erst per Nachforschung in verborgenen Annalen der Familie erfuhren. Onkel Wilhelm v. M., 1842 geboren, war gebildet, charmant, spielsüchtig und verantwortungslos. (Es gab Gründe, warum er sich so entwickelte.) Er verliebte sich in eine Frau, die ihn dazu brachte, fast das ganze Familienvermögen zu verspielen. Bevor es zu spät war, beschloss die Familie, ihn auszugrenzen. Seiner Geliebten wurde Geld für einen Neuanfang in den USA gegeben. Der spielsüchtige Vorfahr wurde in betrunkenem Zustand zusammen mit ihr auf Nimmerwiedersehen per Schiff in die USA verfrachtet, und fortan wurden beide Namen nicht mehr erwähnt. Der Fall galt als abgeschlossen. Die Familie hörte nichts mehr von ihm, er war gesellschaftlich und geschäftlich fortan »tot«. Erst die Nachforschungen der Geschwister ergaben, dass er und seine Geliebte ihren Adelsbonus dafür benutzt hatten, auch in den USA Menschen um ihr Geld zu bringen. Der ruchlose Vorfahr wurde im Streit erschossen, seine Geliebte landete im Gefängnis, ihre Spur verlief im Sand.

Irgendwo in der Aura der Geschwister, die seine Nachfahren sind, war diese Geschichte speziell für die Menschen in den USA spürbar, und auch sie selbst fühlten sich dort immer unsicher und nicht entscheidungsfrei. So handelten sie gesellschaftlich und geschäftlich, wenn sie im Lande präsent waren, unbewusst immer so, dass sie Eigentore schossen, was dazu führte, dass sie dort mehrfach fast Pleite gegangen wären, was das ganze Unternehmen bedroht hatte. Beide genossen dadurch nicht das Ansehen, das sie sich erhofft hatten.

In einer systemischen Aufstellungsarbeit bei mir stellten wir den unseligen Ahnen und seine Geliebte, die ebenfalls eine entfernte Verwandte war, auf. Sie hatten beide ein Leben wie in der Achterbahn hinter sich und bereuten zutiefst, was sie angerichtet hatten. Beide Geschwister gaben den Ahnen den Misserfolg in den USA zurück, was es ermöglichte, sie erneut in die Familie zu integrieren, nur diesmal in erlöster Form. Die Ausgegrenzten durften wieder einen Platz in der Familie einnehmen. Sie erhielten ihr Gesicht zurück.

Die Stadt, in der sie betrügerisch gelebt hatten und gestorben waren, erhielt aus der Familienkasse eine großzügige Spende für mittellose Einwanderer, und in Deutschland wurde auf dem Familienfriedhof eine Tafel mit den Daten der beiden angebracht.

Wir hatten aufgeräumt, meine Arbeit war getan. Wie ging es dann weiter?

Zuerst hatte Frau v. K. ein schönes Erlebnis. Sie bekam in den USA einen Ehrenpreis für ihre Verdienste im internationalen Reitsport überreicht. Wenn sie sich jetzt im Land aufhält, laufen ihre Geschäfte bestens, und sie ist gesellschaftlich gern gesehen.

Ihr Bruder, Herr v. M., der zu Anfang unserer Arbeit sehr misstrauisch und angespannt war, brachte mir von seiner nächsten USA-Geschäftsreise ein hübsches Geschenk mit, bedankte sich und bat mich für sein anfängliches Verhalten um Verzeihung. Seine Geschäfte in den Staaten laufen inzwischen genauso gut wie die Geschäfte hier. Er kann jetzt ganz entspannt dort sein und sich darüber freuen, dass die »Achterbahnzeit« vorbei ist.

Beide waren nicht ursächlich an der USA-Misere schuld, sie trugen aber ihre ausgegrenzten Ahnen so lange mit sich herum, bis der Familienwebteppich wieder repariert war.

Ein unschätzbares Reservoir an Möglichkeiten, tollen Ideen, plötzlichen gewinnbringenden Eingebungen und erfolgserprobten Strategien für Ihre materielle Selbstermächtigung, ja, für alle Bereiche Ihres Lebens, wartet auf Sie. Ihre Ahnen, die vor Ihnen lebten und die den Webteppich der Familie instand hielten, sodass Sie jetzt darauf stehen dürfen, haben in emsiger Arbeit Lebenserfahrung für alle Situationen gesammelt. Was Ihnen davon gefällt, dürfen Sie immer und kostenfrei in Anspruch nehmen und abrufen. Damit ehren Sie Ihre Vorfahren, und diese sind stets gute Helfer. In Asien steht zu diesem Zweck in vielen Gärten ein kleines steinernes Ahnenhäuschen, das gut gepflegt wird. Um etwas zu erbitten oder sich bei den Ahnen für ihre Hilfe zu bedanken, werden kleine Gaben hineingelegt oder Lichter angezündet. Wir tun dies nur auf den Gräbern und selten aus Freude. Die Ahnen gehören aber viel lieber heiter und in Freude zu uns – denken Sie daran. Viele Ihrer guten Eingebungen stammen aus dieser Quelle.

Folgende Übung hilft Ihnen, mit den Ahnen in Kontakt zu kommen.

Übung: Ahnenehrung

Suchen Sie sich einen guten Platz mit einem schönen Blick in die Zukunft. Schließen Sie die Augen, und fühlen Sie diese große Ahnenpyramide hinter sich. Ihre Familie reicht weit zurück, ist riesengroß und ein eigener Volksstamm. Ein immenses Reservoir an Wissen und Erfahrung. Ein unschätzbarer Energiespeicher.

Verbeugen Sie sich vor Ihrer Herkunft.

Auf Sie sehen jetzt alle. Sie leben hier und jetzt. Alle Ahnen hoffen, dass Sie sie ein Stück durch das, was sie vom Ahnen-Buffet nehmen, wertschätzen.

Sagen Sie: »Liebe Ahnen! Ich habe euch wertgeschätzt, indem ich in meinem Leben auf gewisse Missstände, die ihr zu erleiden hattet, aufmerksam gemacht habe. Ich habe es aus Unwissenheit getan, und es hat keinem geholfen. Ich lege hiermit … (stellen Sie sich das, was Sie belastet, tatsächlich oder symbolisch vor) wieder zurück auf das Buffet und nehme mir stattdessen … (nehmen Sie das, was Sie jetzt für sich und Ihr Leben benötigen, tatsächlich oder als Symbol vom Ahnen-Buffet für sich selbst). Bedanken Sie sich mit einer kleinen Verbeugung vor den Ahnen. Damit verbeugen Sie sich auch vor sich selbst.

Sagen Sie nun zu den Ahnen, indem Sie das zeigen, was Sie genommen haben:»Dies kann ich jetzt viel besser gebrauchen! Vielen Dank!«

Die Ahnen applaudieren.

Sie freuen sich sehr, dass das Ahnen-Buffet von Ihnen bemerkt wurde und dass Sie etwas davon nehmen, um sich in Ihrem jetzigen Leben zu bereichern, zu nähren. Was auch immer es ist.

Tipp: Nehmen Sie, was Sie nehmen, immer nur in guter Absicht – und nicht, um jemandem zu schaden. Sie schaden damit in zweiter Instanz nur sich selbst.

Machen Sie so weiter, bis Sie alles, was Sie nicht mehr gebrauchen können in Ihrem Leben, zurückgetauscht haben. Fühlen Sie die große Freiheit, die Erleichterung, die jetzt kommt?

Stellen Sie sich noch einmal mit Blick in die Zukunft auf. Ist das noch die richtige Perspektive? Ja? – Dann bleiben Sie so.

Wenn Nein, dann suchen Sie sich mit Ihren neuen Lebenszutaten den besten Blick in Ihre Zukunft. Schließen Sie die Augen. Verbeugen Sie sich noch einmal vor Ihrer Herkunft. Spüren Sie das große

Wohlwollen Ihrer Ahnen im Rücken, und gehen Sie damit in Ihren Tag.

Diese Übung können Sie wiederholen, sobald Sie andere Ressourcen in Ihrem Leben brauchen, als Sie jetzt haben. Viel Erfolg!

Abhängigkeit und Selbstermächtigung

Wir leben in einer Gesellschaft, die künstliche Bedürfnisse erzeugt und dadurch Abhängigkeiten herstellt. Diese Abhängigkeiten zwingen uns in das Rad des Konsums von Dingen, die wir nicht benötigen.

Wussten Sie zum Beispiel, dass Sie unbedingt ein Gerät zur Herstellung von Kaffeepads für Kaffeepadmaschinen benötigen – so etwas gibt es wirklich – bevor Sie subtil vom Hersteller darauf eingestimmt wurden? Sehen Sie, ich auch nicht, und in diesem Falle verweigere ich schlichtweg den Konsum.

Gefahr erkannt, Gefahr gebannt!

Wir geben unglaublich viel Geld pro Monat für nutzlosen Ballast aus. Gerade auch diejenigen von uns, die eigentlich zu arm sind, um sich billige Schnäppchen leisten zu können.

Wieso sollten Sie zu arm für Schnäppchen sein? Weil Schnäppchen fast immer billig und wenig durchdacht produziert werden. Ihre Lebensdauer ist absichtlich kurz geplant, weil sie morgen schon wieder Platz für ein neues Schnäppchen machen müssen. Das Sie selbstverständlich kaufen sollen und es auch tun. Statt einer qualitativ hochwertigen Ware, die Ihnen zuerst als zu teuer erscheint, aber lange ihren Dienst tut, kaufen Sie viele kleine Schnäppchen. In der Summe sind die Schnäppchen jedoch um ein Vielfaches teurer, auch wenn sie im Augenblick billig erscheinen. Qualitativ hochwertige Produkte haben ihren Preis, denn sie sind aus gutem Material hergestellt und durchdacht produziert. Gute Qualität ist auf Langlebigkeit ausgerichtet und macht beim Benutzen immer wieder Freude. Aus der Rückschau betrachtet lohnt sich die Investition immer, denn Sie haben gespart.

Alle Konsumklassiker, die auch nach Jahrzehnten ihre treuen Fangemeinden haben, sind so produziert worden. Sogenannte Markenware muss nicht zwangsläufig Qualität haben, oft ist sie ebenfalls in Billiglohnländern billig produziert.

Die Werbung hat bereits dafür gesorgt, dass Sie nicht dazugehören, wenn Sie nicht mit dem Namen eines Herstellers Werbung laufen und dafür auch noch teuer bezahlen.

Wir Konsumenten, darunter auch Fachleute, übernehmen wahllos gut aufbereitete Informationen über ein Produkt. Wir kaufen es, ohne es zuvor geprüft zu haben. Bei Nichtgefallen vergessen wir dann, es zurückzuschicken, weil wir in der Zwischenzeit nämlich schon von einem anderen Produkt, das wir unbedingt haben wollen, abgelenkt werden. Es macht absolut Sinn, sich vorher zu informieren. Wählen Sie das Produkt, das zu Ihnen passt. Wenn Sie wählen und das Produkt Ihrer Wahl nicht kaufen, sondern ein billigeres nehmen, wird Ihnen dieses auf Dauer nicht gefallen. Sie fühlen sich von sich selbst abgewertet.

Nehmen Sie das Produkt, in das Sie sich verliebt haben.

Es wird länger halten und Ihnen mehr Freude machen. Sie werden pfleglich damit umgehen, denn es ist Ihnen etwas wert. Wenn Sie beim Kauf Kompromisse machen, dann nur, wenn Sie damit hundertprozentig zufrieden sind. Sonst landet der neue Gegenstand schnell im Schrank und ward nie mehr gesehen. Warten Sie lieber mit dem Kauf, und freuen Sie sich darauf, bis Sie das Geld dafür haben. Weihnachten ist schließlich auch nicht jeden Tag. Ein bisschen Vorfreude erhöht den Wert und Ihre persönliche Bindung an das Produkt. Denken Sie daran, wie glücklich Sie Ihr Lieblingsspielzeug für lange Zeit gemacht hat, nachdem Sie es endlich bekommen hatten.

Kaufen Sie in bar, dann haben Sie ein Gefühl dafür, was die Dinge wert sind. Wenn Sie »bequem« (für wen?) auf Raten kaufen, verdrängen Sie die monatliche Belastung schnell. Wer einmal die Hemmschwelle des Ratenkaufs überschritten hat, ist meist ein »Wiederholungstäter«. Schnell verliert man den Überblick und gerät in die Schuldenabwärtsspirale. In der Zwischenzeit geht die Konsumbegehrlichkeit weiter, denn Sie sind wie ein Süchtiger bereits »angefixt«. Sie sind, ohne es zu wissen, in die Abhängigkeit gerutscht.

Sie sind in der Falle gefangen, die Banken und Anbieter von allem Möglichen Ihnen in voller Absicht gestellt haben. »Ich habe Schulden« heißt »Ich bin schuld«. Indem Sie ganz allein »der Schuldige« sind, übernehmen Sie auch die Mitverantwortung der Verführer.

Ein Beispiel: Wer trägt die Verantwortung? Der, der einem kleinen Kind ein geladenes Gewehr zum Spielen gibt, womit dieses Kind einen Menschen erschießt? Oder trägt das Kind, das einen Menschen erschießt, die Schuld? Das Kind? Nein, selbstverständlich nicht! Es wusste nicht, was es da tut. Es war nicht aufgeklärt über die Gefahr und die Wirkung eines geladenen Gewehrs. Noch weniger darüber, dass dies eine Waffe zum Töten ist und kein

Spielzeug. Die Verantwortung trägt auf jeden Fall der, der dem Kind das geladene Gewehr zum Spielen gegeben hat. In der Konsumgesellschaft sind wir immer noch häufig Kinder, solche moralischen Überlegungen spielen schon lange keine Rolle mehr. Der Konsument ist das Kind, aber er trägt die volle Verantwortung (die Schulden).

Deshalb: Wenn Sie aus diesen Gründen in die Schuldenfalle geraten sind, tragen Sie nur zum Teil die Verantwortung. Werten Sie sich deswegen keinesfalls moralisch ab. Sie haben den Schaden, die anderen machen so weiter wie bisher. Solange es Mitspieler gibt, läuft diese Art von Ausbeutung weiter.

Es geht jetzt darum, die Fesseln der Abhängigkeit zu lösen und einem Rückfall vorzubeugen.
Schließlich lernen Sie, mit der Herausforderung zu leben, sie zu umgehen, bis Sie ihr gewachsen sind.

Damit Sie nicht gleich »zuschlagen«, wenn ein neues Angebot Sie interessiert, gibt es eine simple Übung:

Schauen Sie sich hemmungslos Kataloge und Zeitschriften mit Werbung an. Surfen Sie im Internet durch alle Brandungswellen des Konsums. Kreuzen Sie alles an, was Ihnen gefällt. Füllen Sie eine Tonne voller Bestellformulare aus. Tun Sie dies, bis Ihre Konsumentenseele satt ist.

Atmen Sie dann tief aus, und feiern Sie diese Orgie mit etwas Schönem, das (fast) nichts kostet, was es aber jetzt gleich gibt: mit einem stimmungsvoller Sonnenuntergang, einem Treffen mit

Freunden zum Sport, einem gemütlichen Tratsch mit Freunden, einem schönen Bad, oder Sie malen ein Bild, holen eine schöne Pflanze aus dem Wald und geben ihr in einem alten Topf mit Erde ein neues Zuhause, zaubern ein Menü aus allem, was noch im Kühlschrank ist, und teilen es mit jemandem ... und noch viel mehr.

Irgendwann am nächsten Tag sehen Sie sich die nicht abgeschickten Bestellungen noch einmal an. Am besten dann, wenn Sie gerade zufrieden sind. Die meisten Dinge, die gestern noch Ihre Gier erregten, sind heute uninteressant geworden. Morgen werden es noch viel mehr sein.

Kosten Sie die Erregung beim Aussuchen und beim Ausfüllen des Bestellscheins aus. Genießen Sie auch die innere Erleichterung, nicht all diese Sachen bestellt und dafür Schulden gemacht zu haben. Klopfen Sie sich auf die Schulter, denn Sie sind ein/-e Held/-in des Alltags. Sie haben der Herausforderung die Stirn geboten und die Invasion nebst eventuellem Untergang der Titanic abgewendet. Und außerdem müssen Sie den ganzen Krempel nicht noch in Ihrem Wohnraum unterbringen. Das befreit auch im Kopf.

Erzählen Sie Ihren Freunden von Ihrem Abenteuer der Konsumverweigerung. Sie haben es denen, die Sie ausnehmen wollen, mal so richtig gezeigt! Machen Sie weiter so. Dann sind wir schon zu zweit. Mich jedenfalls hat diese Übung unglaublich befreit und tut es noch. Es lebe die Wiederholungstat!

Dazu passt ganz wunderbar das Märchen von Hans im Glück, der erst einen Goldklumpen gegen ein Pferd eintauscht, das Pferd gegen eine Kuh, die Kuh gegen ein Schwein, das Schwein gegen eine

Gans, die Gans gegen einen Schleifstein, der letztendlich in den Brunnen fällt. Und genau das machte für Hans das Glück vollkommen, fühlte er sich doch so leicht und frei wie nie zuvor! Wenn Sie das Märchen gern lesen möchten, finden Sie es im Anhang.

Eine Freundin erzählte mir, sie und ihr Mann hätten sich vor ein paar Jahren einmal ein Ferienhaus an der Nordsee kaufen wollen. Sie sahen sich auch verschiedene Häuser an, aber dann wurden sie unsicher: immer die weite Fahrt in den Norden, und um alles im und am Haus würde man sich selbst kümmern müssen. Und die heranwachsenden Kinder wollten sich ja jetzt schon lieber mit ihren Freunden verabreden, als mit den Eltern zu verreisen. Und außerdem gab es ja noch so viele andere schöne Gegenden, die sie noch nicht kannten ... Das Ende war, dass sie den Plan aufgaben. Noch oft danach schauten die beiden einander an, lachten unbeschwert und sagten: »Was sind wir ohne dieses Haus doch so glücklich dran!«

Ihr persönliches Ziel

Ein Ziel: Um dorthin zu kommen, wo wir hinwollen, brauchen wir konkrete, klare Angaben. Sonst verirren wir uns, finden den Weg nicht, sind auf die Hilfe anderer und ihren guten Willen angewiesen.

Sie haben sicher vordergründig das Ziel, in die materielle Selbstermächtigung zu gelangen. Doch wie sollen sich Ihre Startposition, Ihr Weg und Ihr Ziel gestalten, damit Sie dort auch wirklich (in der Wirklichkeit) ankommen?

Sie wollen mit Freude, Neugier und Gewissheit unterwegs sein. Das Ziel soll nicht das einzige bleiben. Sie können im Erreichen von Zielen Profi werden!

Gerade Frauen, die in unserer Gesellschaft ja alle möglichen Rollen erfüllen müssen und dies auch oft gut können, kommen ihre eigenen Ziele immer wieder abhanden. Da steckt man zurück, weil die Tochter erst eine Klassenfahrt machen muss, der Mann ein neues Auto braucht oder der Sohn unbedingt eine Tuba will. Frauen werden so erzogen, dass sie sozial fürsorglich sind und sich selbst hintanstellen. Dieses Verhalten macht sicher eine Zeit lang besonders in der Rolle einer Mutter einen Sinn. In allen anderen Lebensbereichen ist es eher hinderlich. Wer immer wieder von seinem Ziel abgebracht wird, oft bevor er es formulieren kann, neigt zu Frustreaktionen. Da wird zu viel gegessen, es werden kompensatorische Frustkäufe getätigt, oder man vernachlässigt sich selbst in irgendeiner Form.

Um Ziele zu formulieren, sollten wir, wenn wir Bedürfnisse haben, Stichworte aufschreiben, und diese kleinen Zettel an Orte hängen, wo wir sie immer wieder sehen. Sie erinnern uns, bei uns selbst zu bleiben und uns abzufragen, ob wir dieses Bedürfnis wirklich befriedigen wollen. Ist es so, dann formulieren Sie Ihr Ziel klar (eventuell auch die einzelnen Schritte dorthin), malen Sie einen roten Pfeil daneben, und nehmen Sie den Zettel überallhin mit. Sie werden sich mit anderen über ihr Ziel unterhalten und diese Menschen davon überzeugen bzw. sich von ihnen Unterstützung geben lassen. Das Ziel manifestiert sich. Nicht nur Sie, sondern auch andere glauben daran. Das gibt Ihnen die nötige Dynamik auf dem Weg dorthin.

Aus der Praxis:
Durchkreuzte Ziele

Chiara L. kam zu mir in die Sprechstunde, um mich zu bitten, ihr zu helfen, ein persönliches Ziel nicht nur anzustreben, sondern auch zu erreichen.
Chiara war 32 Jahre alt, Mutter von zwei Kindern, klein, agil, pummelig, mit kurzen schwarzen Locken und weit ausholenden Bewegungen. Seit geraumer Zeit plagten sie Schlafstörungen, und sie hatte einen immer wiederkehrenden Albtraum, der sie verfolgte: »Ich stehe auf einer Wiese in der Nähe eines dunklen Waldrandes. Wie magisch bewege ich mich darauf zu. Eine unsichtbare Schnur zieht mich näher und näher erst an den Waldrand und dann in den

Wald hinein, wo die dunklen Tannen immer dichter werden. Ich bekomme Herzrasen und fühle mich irgendwie verfolgt. Neben mir bricht ein Reh aus dem Gebüsch, und ich erschrecke fast zu Tode. Immerhin bahnt es mir einen Weg zum Weitergehen durch das Dickicht. Plötzlich öffnet sich der Wald, und ich sehe ein großes Haus mit vielen Fenstern auf einer Waldlichtung stehen. Wieder zieht mich der unsichtbare Faden hin zu der großen hölzernen Eingangstür. Ich öffne sie. Auf einmal weiß ich, warum ich hier bin. Ich habe ein Buch, das ich für meinen weiteren Lebensweg dringend brauche, im oberen Turmzimmer vergessen. Ich erinnere mich an den Weg und gehe entschlossen die erste Treppe hoch. Dort ist eine Tür, die ich wie ferngesteuert öffnen muss. Hinter dieser Tür verbirgt sich ein unaufgeräumter, völlig chaotischer Wohnraum. Ich kann nicht anders, ich muss diesen Raum aufräumen. Erst wenn alles an seinem Platz ist, kann ich weitergehen. Entschlossen wende ich mich ein zweites Mal der Treppe zum Turmzimmer zu, als mich eine zweite Tür magisch anzieht. Ich weiß, ich habe nur sehr wenig Zeit, aber irgendetwas ruft mich, auch diese Tür zu öffnen. Hinter der Tür befindet sich eine Familie, die Vorbereitungen für ein Fest trifft. Ich bin nicht eingeladen, kann mich aber dennoch nicht wehren, so lange mitzuhelfen, bis alles vorbereitet ist. Erst dann kann ich mich befreien. Beim dritten Anlauf in Richtung Turmzimmer öffnet sich plötzlich eine Bodenklappe mit einer Rutschbahn, und ich sause die Kohlenrutsche hinunter in den Keller. Der Keller ist ein großes Labyrinth, in dem ich mich blind vorantasten muss. Das dauert Stunden. Schließlich finde ich mich völlig verdreckt und erschöpft vor der Treppe zum Turmzimmer wieder. Da ich so lange für alles gebraucht habe, ist meine Zeit jetzt vorbei, und ich muss ohne mein Buch durch den Wald zurückkehren.

Diesen Traum träume ich in letzter Zeit fast jede Nacht. Das Gefühl von Ausweglosigkeit, von enttäuschter Hoffnung und Sinnlosigkeit, meinem eigenen Weg zu folgen, macht sich mehr und mehr breit. Ich habe seit zwei Jahren den Plan, ein vierwöchiges Praktikum in einem Hotel an der Ostsee zu machen, um wieder in meinem Beruf als Hotelfachfrau Fuß zu fassen. Jetzt ist Saison und für dieses Jahr die letzte Möglichkeit hinzufahren. Es würde mir so viel bringen.«

Chiara erzählte mir außerdem, dass sie es gewohnt sei, dass immer, wenn sie etwas plane, etwas anderes und Wichtigeres dazwischenkomme. Sie hatte das Gefühl, sich auf der Stelle zu bewegen, während alle anderen weiterkamen.

In einer NLP-Übung gingen wir noch einmal Chiaras Lebensweg durch. Er wurde immer wieder durchschnitten von anderen Personen. In der Therapie kam heraus, dass Chiara immer zuerst die Wünsche ihrer Mutter erfüllen musste, bevor sie eigenen Interessen nachgehen durfte. Dies wurde zu ihrem Lebensmuster. Unbewusst suchte sie förmlich, wenn sie eigene Ziele hatte, Personen, denen sie es zuerst recht machen musste, bevor sie sich wieder mit ihrem Ziel beschäftigen konnte. Das hatte zur Folge, dass ihre Ziele immer wieder verschwammen oder zumindest immer im gleichen Abstand von ihr entfernt blieben, wie die berühmte Mohrrübe vor der Nase.

Wir sammelten auf einer Liste alle Personen, die meiner Klientin immer wieder »in die Quere« kamen. Ich forderte Chiara auf, die Menschen, bei denen es ihr leichter fiel, sie anzusprechen, von ihren Plänen zu erzählen und sie um Unterstützung zu bitten. Es sollte einmal andersherum sein. Chiara meisterte diese Aufgabe. Bevor wir ihre beiden Kinder, ihren Mann und ihre Mutter einluden, ließ ich Chiara ein Symbol für ihr schlechtes Gewissen wählen. Als sich alle in der Praxis versammelt hatten, gab ich Chiara Rückendeckung, ihren Wunsch zu formulieren und auch durchzusetzen. Alle Anwesenden verstanden erst jetzt, wie wichtig ihr der berufliche Wiedereinstieg für ihr Selbstwertgefühl war.

Am Schluss blieben Chiara und ihre Mutter zurück. Ich ließ Chiara das Symbol für ihr schlechtes Gewissen an ihre Mutter zurückgeben, die es auch annahm mit den Worten:»Das brauchst du nicht zu tragen, ich sehe jetzt, dass ich dich wie eine kleine Erwachsene behandelt habe, als du ein Kind warst. Das war nicht angemessen, und es tut mir leid.« Beide Frauen umarmten sich herzlich, und Chiaras Mutter machte ihr Mut für ihren Weg. Sie beschloss, in der Abwesenheit ihrer Tochter für deren Haushalt samt Kindern zu sorgen. Das war ihr Geschenk an ihre Tochter.

Chiara erkannte, dass man Ziele nur erreicht, wenn man sich selbst ernst genug nimmt, ihnen auch zu folgen. In den anschließenden Sitzungen lernte Chiara, eigene Bedürfnisse und Wünsche überhaupt wahrzunehmen und sich realistische eigene Ziele zu setzen. Sie konnte jetzt ihre Ziele formulieren und sich an der passenden Stelle Unterstützung erbitten. Sie war selbstbewusster geworden und wunderte sich, wie viele Wünsche noch in ihr schlummerten, die erfüllt werden wollten und von denen sie bis dahin nichts gewusst hatte. Sinnlosigkeit, Hoffnungslosigkeit und Ausweglosigkeit hatten sich aus ihrem Leben verabschiedet. Und sie schlief wieder ruhig, der Albtraum war verschwunden, ihr Schlaf war wieder erholsam. In ihre Arbeit fand sie einen guten Einstieg. Sie präsentierte sich jetzt klarer und selbstbewusster, was ihr zu einer materiellen Aufwertung ihrer Tätigkeit verholfen hatte.

Übung: Meine Ziele

Suchen Sie sich einen ruhigen Wohlfühlplatz. Stellen Sie sich hin, schließen Sie die Augen. Atmen Sie tief und gleichmäßig ein und aus. Lassen Sie mit jedem Ausatmen aktuelle Spannungen und störende Gefühle durch Ihre Fußsohlen zum Mittelpunkt der Erde abfließen. Sie werden dort wieder in Ressourcen umgewandelt.

Heben Sie nun Ihre Arme über Ihren Kopf. Atmen Sie alle störenden und behindernden Gedanken nach oben aus. Sie werden dort vom Wind zerstreut und schaden keinem mehr.

Drehen Sie sich nun einmal um. Öffnen Sie Ihre Augen, sehen Sie nach hinten. Was sehen und fühlen Sie?

Schließen Sie nun die Augen wieder. Betrachten Sie nun innerlich Ihren Lebensweg von Ihrer Zeugung an bis jetzt. Wie gefällt Ihnen Ihr bisheriger Lebensweg? Ist alles so, wie es ist, gut gelaufen? Oder gab es Irritationen, Abweichungen? Betrachten Sie innerlich Ihren bisherigen Lebensweg, ohne ihn zu bewerten.

Öffnen Sie nun die Augen wieder. Atmen Sie tief ein und aus.

Drehen Sie sich um, Blickrichtung nach vorne. Schließen Sie die Augen wieder. Sie spüren nun Ihre Vergangenheit hinter sich.

Wie ist das?

Denken Sie daran, was Sie aus Ihrem Leben weiterhin machen wollen. Was Sie selbst ohne Einfluss von anderen wollen. Ihr freier Wille zählt!

Betrachten Sie nun mit Ihrem inneren Auge Ihre Zukunft. Ihre Zukunft baut sich auf Ihrer Vergangenheit auf. Ist das der Weg, den Sie gehen wollen? Ja? Dann erleuchten Sie diesen Weg mit einem goldenen, geraden und breiten Lichtstrahl bis zu Ihrem persönlichen Ziel und – ganz wichtig – darüber hinaus.

Wenn der Weg vor Ihnen nicht der Weg ist, den Sie in Zukunft gehen wollen, öffnen Sie die Augen. Nehmen Sie Papier und Stift. Schreiben Sie Ihre guten, für Sie und Ihr Leben begehrenswerten Ziele auf. Legen Sie nun je einmal den Mittelfinger Ihrer linken Hand auf jedes Ihrer Ziele. Notieren Sie dabei jedes Mal das erste Gefühl, das bei Ihnen dabei ausgelöst wird. Es ist immer richtig. Sortieren Sie jetzt alle mit mittelmäßigen oder negativen Gefühlen verbundenen Ziele aus. Wer weiß, von wem Sie die haben. Es sind auf jeden Fall nicht Ihre eigenen, und für jemand anderen müssen Sie sie nicht erfüllen. Wählen Sie nun ein persönliches Nahziel für die nahe Zukunft und ein Fernziel für die weitere Zukunft aus. Stellen Sie sich wieder stabil an Ihren Wohlfühlplatz. Schließen Sie die Augen. Atmen Sie siebenmal tief ein und aus. Spüren Sie Ihre Vergangenheit ohne persönliche Wertung in Ihrem Rücken. Seien Sie sich Ihres Standortes an Ihrer Startlinie in die Zukunft bewusst. Konzentrieren Sie sich. Visualisieren Sie nah bei sich Ihr Nahziel auf Ihrem geraden Weg in die Zukunft. Etwas weiter entfernt visualisieren Sie Ihr Fernziel hinter dem Nahziel. Verbinden Sie nun sich selbst mit einer breiten, goldenen Linie mit Ihrem Nahziel. Danach weiter mit Ihrem Fernziel, das dahinter liegt, und dann weiter in eine goldene Zukunft. Freuen Sie sich auf Ihre Zukunft, Sie sind auf dem richtigen Weg.

Öffnen Sie die Augen, klopfen Sie Ihren Körper von unten nach oben kräftig ab, und seien Sie wieder ganz im Hier und Jetzt.

Ihr persönlicher Weg

Jeder Mensch kommt mit einer einmaligen Grundausstattung auf die Welt. Selbst eineiige Zwillinge sind nicht identisch in Anlagen und Charakter. Weiterhin formen Sie sich selbst aufgrund der Bewertung Ihrer Erfahrungen.

Negative Erfahrungen können Sie als Angriff auf sich selbst oder als Hinweis zur Kursänderung in Ihrem Leben verstehen. Positive Erfahrungen bestärken Sie in Ihrem Tun auf Ihrem Lebensweg.

Es ist nicht immer leicht, eine Botschaft zur individuellen Kursänderung zu verstehen, falls diese notwendig ist. Hierbei ist der Austausch mit einer dritten Person, die emotional nicht verwickelt ist, äußerst hilfreich. Das kann ein guter Bekannter sein, ein Coach oder ein Therapeut Ihrer Wahl. Diese Person hat die Möglichkeit, mit Ihnen die ganze Sache von außen zu betrachten. Sie kann Ihnen Orientierungshilfe geben und Mut machen, einen neuen Schritt zu wagen. Sie sind nicht allein, das müssen Sie niemals sein. Wenn Sie sich allein und von der Welt verlassen fühlen, haben Sie das selbst in Gang gebracht.

Die gute Nachricht: Sie können es auch wieder rückgängig machen. Das liegt ganz bei Ihnen. Nur Sie haben in der eigenen Sache das Sagen. Die letzte Entscheidung für Ihren selbstbestimmten, persönlichen Weg im Leben treffen immer Sie selbst. Sie können sich in allen Angelegenheiten Rat holen, Ressourcen abrufen und neue Verhaltensweisen erproben.

Das Leben trägt uns immer im richtigen Augenblick
an den richtigen Ort.

Entlang Ihres Lebensweges liegt immer mehr als genug Nahrung für ein freies, gutes Weiterkommen bereit. Wir haben aber zeitweise nicht die Möglichkeit, das, was uns inspiriert und nährt, überhaupt wahrzunehmen. In solchen Lebensphasen erleben wir die Welt wie durch einen Kokon, abgeschirmt von allem. Manche Menschen tun das aus Sicherheitsgründen ein Leben lang. Das sind die, an denen alles abperlt, die nichts an sich heranlassen. Dadurch verpassen sie es, in die Fülle zu gehen. Sie können nichts mehr fühlen, leben eindimensional über den Verstand. Der Verstand ist immer in Alarmbereitschaft, hasst Neues und lehnt Veränderung ab.

Erst in Verbindung mit dem Gefühl
ist der Verstand in der Lage,
lebenswichtige Entscheidungen zu treffen.

Die im Kokon wandelnden »Kopffüßler«, die nur ihrem Verstand trauen und sonst nichts und niemandem auf der Welt, sind beherrscht von einem grundlegenden Lebensgefühl, dem Misstrauen. Das Misstrauen hat sich irgendwann in ihr Leben geschlichen und beherrscht sie, auch wenn sie es gar nicht mehr wahrnehmen. Das Misstrauen wurde ihnen vorgelebt, eingeschärft. Sie haben es selbst als Schutz in ihr Leben geholt.

Erleben wir etwas Neues, kommen vier Gefühle auf den Plan: die Neugier, das Misstrauen, schließlich das Vertrauen oder die Ablehnung.

Aufgrund prägender Lebenserfahrungen, die sie fälschlicherweise immer wieder auf neue Situationen übertragen, kommt den »Kopffüßlern« die Neugier und das Vertrauen abhanden. Der Glaube an das Gute in der Welt ist verloren, und das Leben wird als schädigend, bedrohlich und feindlich empfunden. Den Rest trägt der Betroffene meist in Form von Isolation und/oder Süchten bzw. Abhängigkeiten selbst bei. Die sich selbst erfüllende Prophezeiung ist fest installiert, die da sagt: »Das war schon immer so und wird auch nicht mehr besser.« »Kopffüßler« sind die besten Kunden von reißerischen Medien, die negative Informationen kreieren und verkaufen. Sie nähren das Weltbild der »Kopffüßler« und werden von ihnen genährt.

Ich bin immer wieder beglückt, dass Menschen, die sich in so einer Situation befinden, entgegen ihrem bisherigen Muster noch einem letzten Impuls folgen und sich in der Praxis beraten lassen. Und dort ist es unsere erste Tat, das verschüttete Vertrauen und die verschüttete Neugier auszugraben und zu befreien. So stehen sie als Werkzeuge im täglichen Leben wieder zur Verfügung. Das macht tatsächlich reich!

Nur wer einmal im »Kopffüßlerzustand« gefangen war, weiß, was für eine berauschende Glückserfahrung es ist, endlich wieder offen durch eine neu wahrgenommene Welt zu schreiten. Eine Welt, die uns willkommen heißt. Wir öffnen uns wieder und können alle nährenden Erfahrungen nachholen. Da uns der vorherige Zustand so ausgehungert hat, holen wir jetzt im eigenen Tempo alles nach. Wenn wir nicht unseren eigenen Lebensentwurf leben und unsere Mittel dafür verwenden, bestrafen wir uns dafür irgendwann selbst in Form von psychischer oder physischer Krankheit. Die Krankheit ist in diesem Falle ein Freund, der uns aufmerksam macht, aber nicht töten will. Kehren wir zu unserem eigenen Weg zurück, lässt uns das wieder gesunden. Krankheit ist das Angebot eines Korrektivs, das Angebot, aus der Selbstsabotage zu erwachen.

Aus der Praxis:
Lass mich jetzt nicht im Stich!

Gernot K. kam auf Anraten seines Internisten zu mir in die Praxis. Seit Monaten hatte er Magenkoliken und Herzstolpern. Auch hatte er angefangen, zu viel Alkohol zu trinken, weil das Gedankenkarussell in seinem Kopf ihn nachts nicht mehr schlafen ließ. »Eigentlich sollte ich mich freuen, ich habe eine junge Frau, ich bin im Januar letzten Jahres Vater geworden und habe gerade unser Nest gebaut. Meine Zimmerei mit vier Angestellten ist ausgelastet und eingespielt. Immer wieder bekomme ich aber, vor allem auf der Autobahn, wenn ich weiter wegfahre, Panikattacken. Dann dreht sich alles, und ich hechle (hyperventiliere) wie ein Hund kurz vor dem Hitzschlag. Wenn es vorbei ist, würde ich am liebsten weit weg irgendwohin fahren, nicht mehr nach Hause kommen. Ich habe das noch niemandem erzählt. Ich schäme mich dafür. Ich könnte doch glücklich sein.«

Da Gernot dies aber nicht war, mussten wir herausfinden, was die Ursache seiner Beschwerden war. Wie üblich, wenn es um chronische Beschwerden geht, begaben wir uns auf Ursachensuche in der Kindheit des Klienten.

Gernot war 42 Jahre alt. Er war das erste von drei Kindern. Seine Mutter war Theaterschauspielerin, der Vater Goldschmied. Was damals als große Liebe begann, wurde seiner Mutter bald zur Fessel. Konnte sie doch, weil sie sich um die Kinder kümmern musste, kein Engagement mehr annehmen und nicht mit dem Theater auf Tournee gehen. Nun hatte sie Angst, in Vergessenheit zu geraten, während sie »in der Provinz versauerte«.

Nach diversen Ehestreiten, bei denen es zu keiner Einigung kam, verließ Gernots Mutter die Familie. Sie sah keine Möglichkeit, die Kinder mitzunehmen, und ließ sie bei der Oma und dem Vater aufwachsen. Sie machte eine große Karriere, besuchte die Familie regelmäßig und schickte Geschenke.

Völlig geknickt blieb ihr Mann mit den Kindern zurück und war überfordert. Er zwang seine Frau, noch einmal zurückzukehren, und drohte, die Kinder in ein Heim zu schicken, wenn sie nicht bliebe.

Gernot als der Älteste bekam das ganze Drama mit und litt sehr. Ein Teil von ihm wollte mit der geliebten Mutter mitgehen, ein anderer Teil wusste, dass dies unmöglich war. Seine Mutter nahm ihn ins Gebet mit den fatalen Worten: »Gernot, lass mich jetzt nicht im Stich. Sag dem Papa, du hilfst ihm, wo du kannst, die anderen zwei aufzuziehen. Ich muss wieder gehen, aber lass mich jetzt bitte nicht im Stich. Ich verlasse mich ganz auf dich!« Gernot wollte der Mama helfen, er war schließlich schon neun Jahre alt. Folglich sagte er dem Papa eindringlich, was die Mama ihm aufgetragen hatte. Mit dem Erfolg, dass die Mama ging und der Vater ihn beim Wort nahm.

Gernot war mit seinen kleinen Geschwistern heillos überfordert, die Oma kränkelte und fiel bald aus – doch Gernot wollte seine Eltern nicht betrüben und beklagte sich nie. Er blieb im Haus, bis seine Geschwister flügge waren. Er hatte den Platz seiner Mutter übernommen und war so in emotionaler Hinsicht auch der Ersatzpartner seines Vaters geworden, der immer mehr trank. Nebenbei machte Gernot seine Zimmermannslehre, legte seine Gesellen- und Meisterprüfung ab. Immer träumte er davon, sich eines Tages einem Hilfsprojekt anzuschließen und mit seinem Wissen draußen in der Welt Entwicklungshilfe zu leisten. Erst einmal wollte er aber reisen. Dafür hatte er hart gespart.

Dann lernte er auf einer Kurzreise Jelena kennen. Sie war genau die richtige Bekanntschaft für einen Urlaub – jung, hübsch und unbeschwert. Beide verabredeten unverbindlich, sich gegenseitig einmal zu besuchen.

Dann kam der Schock. Jelena stand vier Wochen später vor Gernots Tür und sagte: »Ich bin schwanger! Lass mich jetzt bitte bloß nicht im Stich. Ich brauche deine Unterstützung!« Alle Pläne meines Klienten, die Welt zu erobern und die Freiheit, die ihm in der Kindheit versagt worden war, nun endlich zu nutzen, fielen mit diesen Worten wie ein Kartenhaus in sich zusammen. Obwohl er Jelena nicht liebte, heiratete er sie, baute mit seinem Ersparten für die Familie ein Haus und erweiterte das Geschäft. Damit hatte er sich selbst eine Falle gebaut, die ihn immer mehr einengte.

In der Therapie kam Gernot zu der Einsicht, dass er sich als Kind hatte ausbeuten lassen, damit die Mutter ihren Lebensentwurf leben konnte. Er holte sie von dem Sockel, auf den er sie gestellt hatte, um ihr Tun zu rechtfertigen, und schrumpfte sie wieder auf Mutter-Normalgröße. Dies ermöglichte ihm selbst, Normalgröße anzunehmen und nur noch der Sohn in der Familie zu sein, statt die Mutter zu ersetzen.

Als nächstes erlaubte er sich, seine Wünsche zu äußern und sich das Recht einzuräumen, auch mal an der Reihe zu sein. In diesem Rahmen ermutigte ich ihn zu einem Vaterschaftstest. Das Ergebnis besagte, dass er nicht der Vater von Jelenas Kind war. Sein Bauchgefühl, vorher aus Pflichtbewusstsein unbeachtet, hatte ihm dies sowieso schon gesagt. Die Ehepartner trennten sich einvernehmlich. Jelena wohnte mit Kind wieder bei ihren Eltern, Gernot besuchte beide regelmäßig. Das gebaute Haus vermietete er. Endlich nahm er sich frei und machte seine lang ersehnte Weltreise mit einem gute Freund und seinem jüngeren Bruder, nur als Bruder.

Gernot hatte keine gesundheitlichen Beschwerden mehr. Den Alkohol ersetzte er zunächst noch durch etwas zu viel Kaffee, aber auch hier war er auf einem guten Weg.

Er war frei. Sein Geld nutzte er nun wieder wie ursprünglich geplant und band es nicht an einen Lebensentwurf, der nicht sein eigener war.

Wenn Sie wollen, lade ich Sie mit einer Übung ein, Ihren persönlichen Weg freier zu gestalten. Neugier und Vertrauen dürfen wieder mit Ihnen durch das Leben gehen.

Übung zum persönlichen Weg

Sie selbst und jedes der vier Gefühle Neugier, Misstrauen, Vertrauen und Ablehnung sind beteiligt.

Sie können diese Übung in Ihrer Fantasie auf Ihrer inneren Bühne machen, Sie können sich aber auch die Gefühle als Figuren aufzeichnen. Auch Symbole, die Sie wählen und benennen, bieten sich an. Die Musikalischen unter Ihnen können einen Singsang oder einen Ton für jedes Gefühl wählen. Wer mehr auf der Körper-Fühl-Ebene zu Hause ist, wählt eine bestimmte Körperposition für jedes Gefühl.

Stellen Sie sich nun einen Ort vor, an dem Sie sich mit Ihrer »Neugier« und Ihrem »Vertrauen« verabredet haben. Sie sind Chef/Chefin Ihres Gesamtunternehmens »Mensch«, und Ihre Gefühle sind Ihre bedingungslosen Mitarbeiter. Sie bestimmen.

Sie kommen zuerst mit Ihren Bodyguards »Misstrauen« und »Ablehnung« an den verabredeten Treffpunkt. Wie geht es Ihnen dort. Sind Sie aufgeregt? Was haben »Misstrauen« und »Ablehnung« Ihnen zu sagen? Wie reagieren Sie selbst darauf? Nehmen Sie ganz genau wahr. Wenn Sie wollen, notieren Sie sich die Dialoge.

Sind Sie bereit, zuerst die »Neugier« und dann das »Vertrauen« wiederzusehen? Sie haben beide aus verschiedenen Gründen vor geraumer Zeit in die Verbannung geschickt. So sehen sie auch aus. Nehmen Sie Kontakt auf, stellen Sie die Gefühle einander vor. Was hat jedes Gefühl zu sagen?

Würdigen Sie jetzt die gute Absicht Ihrer Bodyguards »Misstrauen« und »Ablehnung«. Ihr Auftrag war es, Sie zu schützen. Diesen Auftrag haben die beiden gut erfüllt. Loben Sie sie dafür. Sagen Sie, dass jetzt aber auch Neues in ihrem Leben Platz haben darf.

Sprechen Sie mitfühlend und klar mit den verbannten Gefühlen »Neugier« und »Vertrauen«. Erklären Sie ihnen, warum Sie es damals für richtig hielten, sie in die Verbannung zu schicken. Berichten Sie über Ihre Erfahrungen seit dieser Zeit. Erzählen Sie, dass Sie bis jetzt mit der Strategie der verbannten Gefühle überlebt haben, was schon beachtlich ist. Klopfen Sie sich dafür auf die Schulter!

Sagen Sie dem »Misstrauen« und der »Ablehnung«, dass ab jetzt die »Neugier« und das »Vertrauen« wieder zum Team gehören.

Fühlen Sie die große Kraft, wenn wieder alle Gefühle bei Ihnen sind. Sie sind jetzt endlich wieder ausbalanciert!

Geben Sie jetzt allen vier Gefühlen die Order, für Sie im richtigen Augenblick zu Ihrem Besten zu agieren. Sie sind ganz klar weiterhin der Chef/die Chefin im eigenen Unternehmen. Sie herrschen.

Fragen Sie »Neugier« und »Vertrauen«, wie sie auf sich aufmerksam machen wollen, sollten Sie sie aus alter Gewohnheit einmal wieder vergessen und sie somit nicht zur Verfügung haben. Merken Sie sich die Signale, die »Neugier« und »Vertrauen« Ihnen dann geben, und holen Sie sie wieder ins Boot zurück.

Ein selbstbestimmtes Leben

Selbstbestimmung ist Ihr Geburtsrecht. Nehmen Sie es in Anspruch, fürchten Sie sich nicht davor. Sie selbst wissen am besten, was für Sie gut ist, sofern Sie nicht in Abhängigkeit sind. Falls Sie es noch sind, informieren Sie sich in diesem Buch darüber. Die Übungen helfen Ihnen, sich von Abhängigkeiten zu lösen. Holen Sie sich alle Hilfen, die Sie brauchen. Scheuen Sie sich nicht, Sie dürfen sich anderen zumuten. Ein selbstbestimmtes Leben garantiert Ihnen die Achtung, die Liebe und den Respekt Ihrer Umwelt. Das sind Sie wert!

Aus der Praxis:
Ein eigenes Leben

Filippa G. kam in meine Behandlung durch die Überweisung einer befreundeten Ärztin, die sie in der Psychiatrie wegen eines Suizidversuchs behandelt hatte. Filippa hatte sich aus Verzweiflung angezündet, um endlich »gesehen« zu werden. Ihre mittelschweren Verbrennungen an den Armen waren verheilt, auch die Haare wuchsen wieder, aber ihre Seele brauchte dringend Hilfe.
Filippa war eine sehr schöne, grazile und dunkelhäutige Frau Ende 30. Ihre Mutter Serafina war Sudanesin, sie kam als Wirtschaftsflüchtling in unser Land und hatte schon einiges erlebt. Filippas Vater heiratete die neun Jahre ältere Frau, »holte sie von der Straße«, wie er sagte. Er ließ sich von der gelernten Schneiderin ernähren,

während er studierte – ein so genanntes »Bratkartoffelverhältnis«. Zum Dank bekam Serafina ihr ersehntes Kind, ihre Tochter Filippa. Als Filippas Vater sein BWL-Studium beendet hatte, zeigte er wenig Neigung, sich eine Arbeit zu suchen und nun seinerseits zum Familienunterhalt beizutragen. Alle Einnahmen beanspruchte er für sich, seine »Mädels« ließ er arbeiten. Filippa lernte früh, keine eigenen Bedürfnisse zu haben, und begann schon als Kind, etwa durch das Austragen von Zeitungen Geld mitzuverdienen. Wollte sie davon etwas als Taschengeld behalten, sagte ihr Vater: »Verdien erst mal richtig was, dann sehen wir weiter.«

Filippas Vater sorgte dafür, dass seine Frau kaum Kontakte außerhalb ihrer Arbeit hatte. Weil sie auch wenig Deutsch sprach, war sie scheu und schlecht über ihre Rechte informiert.

Verhielt Filippa sich nicht so, wie ihr Vater es anordnete, sprach er wochenlang nicht mit ihr und ignorierte sie. Seine Tochter hätte alles für ihn getan, um endlich gesehen zu werden. Sie brach die Realschule ab, um endlich »richtiges« Geld zu verdienen und so in Papas Augen Gnade zu finden.

Wie solche Wege oft enden: Die hübsche Filippa fand in einer Disco einen Job als Bedienung und blieb wenig später in den Fängen eines Zuhälters hängen, der »gerade schlimme Schulden« hatte und ihr die große Liebe vorgaukelte. Er versprach Filippa, wenn sie einen Monat anschaffen ginge, seien seine Schulden bezahlt. Noch einen weiteren Monat dazu, dann könnten sie heiraten.

Meine Klientin war es nicht anders gewohnt, als den Mann auszuhalten. Damit bezahlte sie sich ihre Zugehörigkeit und ein bisschen Wärme.

Aus Monaten wurden Jahre, und Filippa blieb nicht das einzige »Pferdchen« im Stall, sie sank in der Hierarchie nach unten, je älter sie wurde. Mittlerweile war sie so weit, ihren Zuhälter, vor dem sie mittlerweile große Angst hatte, zu bitten, ihr so viel Geld zu lassen, dass sie aussteigen konnte. Als sie auch dieses Geld, das sie schließlich selbst verdient hatte, nicht erhielt, wandte sie sich an die seelsorgerische Beratungsstelle ihrer Heimatgemeinde. Dort teilte man ihr mit, dass sie weder kranken- noch rentenversichert sei, obwohl ihr Zuhälter das immer behauptet hatte. Stattdessen hatte er alle Arztrechnungen hinter ihrem Rücken bar bezahlt – von ihrem Geld, wohlgemerkt. Als Filippa realisierte, dass sie weder eine Absicherung, eine Ausbildung noch die Mittel, um auszusteigen, hatte, zündete sie sich schließlich vor den Augen einer ihrer jungen Konkurrentinnen an.

Als Filippa zur mir kam, aktivierten wir erst einmal unser soziales Netzwerk und besorgten ihr eine kleine Wohnung mit Familienanschluss. Ein befreundeter Rechtsanwalt sorgte dafür, dass sie eine Abfindung nebst Rentennachzahlung von ihrem ehemaligen Zuhälter erhielt. Sie hatte über viele Jahre sehr hohe Summen erwirtschaftet, die sie nie zu Gesicht bekommen hatte.

Mithilfe von diversen Gruppen- und Einzelsitzungen gelang es Filippa, die erst lernen musste, über sich selbst zu sprechen, einen Neustart in der Gesellschaft zu wagen. Unsere beste Therapeutin war hierbei Fiona, eine schwarze Friesenstute. Lieb und einfühlsam gab sie Filippa in der pferdegestützten Einzeltherapie ihre Größe, ihren Selbstwert und ihren Stolz zurück. Als Filippa sich sogar eines Tages von Fiona, vor der sie anfangs große Angst hatte (»Ihr bringt mich nicht auf den Gaul, lieber bringe ich mich noch mal um!«), tragen ließ, waren wir alle den Tränen nahe, so schön und königlich sah sie dabei aus.

Filippa wurde eine begeisterte Freizeitreiterin, ging in die Selbsthilfegruppe für Beziehungsabhängige und fand nette Freunde außerhalb des Milieus. Sie holte die Mittlere Reife nach und machte eine Umschulung zur Restaurantkauffrau.

Ihr Geld, das sie heute verdient, gibt sie nun endlich für ihre eigenen Bedürfnisse aus. Lange hat es gedauert.

Filippa ist sehr intelligent und begabt, nur wusste sie das lange Zeit nicht. Sie hat ein Recht auf Selbstbestimmung und ein eigenes, selbstverwaltetes Einkommen. Von diesem Recht machte sie keinen Gebrauch, weil sie sich selbst keinen eigenen Wert gegeben hatte. Ihre Geschichte zeigt, dass es nie zu spät ist, sich in die Freiheit zu bewegen.

So schlimm wie Filippa geht es vielleicht nicht vielen unter Ihnen. Ich kenne jedoch viele Paare, wo der eine Teil wegen der Kinder oder anderer Ausgaben auf sein Einkommen bzw. eine Rente verzichtet, während der andere sich den Freiraum nimmt, sein Einkommen selbst zu verwalten und für eigene Bedürfnisse auszugeben.

Auch wenn Sie noch so verliebt oder scheinbar abhängig sind, seien Sie nicht blind für Ihr Recht, sich gut zu versorgen.

In einer Gemeinschaft gilt: Gleiche Rechte, gleiche Pflichten und gleiches Vergnügen für alle!

Befreiung von Schuld

Was bedeutet Schuld und Schuldigsein?

Hier geht es um den nicht stattgefundenen Ausgleich, den wir aber benötigen, um unabhängig und frei über unser Leben entscheiden zu können. Lässt sich der Ausgleich nicht wiederherstellen, bleiben wir, wem auch immer, etwas schuldig.

Wenn ich etwas gegeben habe, ohne einen Ausgleich dafür zu erhalten, dann gibt es einen Schuldner. Das gilt nicht, wenn etwas verschenkt wurde.

Der fehlende Ausgleich jedoch bindet beide Parteien. Er bindet ungut, macht den Schuldigen/Schuldner abhängig, unwert und klein. Er gibt ihm das Gefühl, nicht fähig zu sein, sein eigenes Leben führen zu können. Die offene Schuld engt ein. Der Horizont der Möglichkeiten verkleinert sich zum Teil bedrohlich, der persönliche Handlungsspielraum schwindet, geht gen Null. Wir verstricken uns immer heftiger, müssen immer mehr Situationen und Leuten aus dem Weg gehen. Ausreden, Lügen, Ausweichen und Verbergen bestimmen unser Leben.

Es gibt einen Ausweg aus dieser Falle. Er besteht aus zwei Teilen. Er hilft uns, wieder dazuzugehören, und bringt uns in die Freiheit.

Übung A: Entschulden im Innen

Suchen Sie sich einen ruhigen Platz. Schließen Sie die Augen. Stellen Sie sich vor, Sie laden zu einer großen Feier ein. Sie laden alle die ein, die von Ihnen noch einen Ausgleich zu bekommen haben. Lassen Sie sich Zeit, und lassen Sie niemanden aus. Laden Sie auch alle Personen, von denen Sie noch einen Ausgleich zu bekommen haben, ein. Gestalten Sie den Raum, in dem gefeiert wird, in Ihrer Fantasie sehr schön aus.

Entbinden Sie sich von allen negativen Gefühlen, die in Ihnen während der Übung aufkommen. Diese binden nur Ihre Energie und bringen Sie nicht weiter. Atmen Sie alle negativen Gefühle in einen Luftballon, der über Ihnen an der Decke schwebt. Lassen Sie diesen Luftballon fliegen. Er recycelt sich selbst.

Bereiten Sie zwei Tische vor. Auf den einen Tisch packen Sie schön dekoriert alles, was Sie noch diversen Stellen und Personen schuldig sind, in Geschenkpakete. Den zweiten Tisch lassen Sie noch leer, dekorieren ihn aber ebenfalls schön. Auf diesen Tisch kommt in Form von Geschenken alles zu Ihnen zurück, was Sie noch an Ausgleich von anderen zu bekommen haben.

Ziehen Sie sich nun chic an. Falls Sie Beistand in irgendeiner Form brauchen: Holen Sie ihn sich an Ihre Seite. Sehen Sie sich noch einmal um.

Alles bereit? Die Feier kann beginnen. Atmen Sie tief durch. Sind Sie bereit? Wenn nicht, holen Sie sich noch das, was Sie brauchen. Nehmen Sie nur friedliche Dinge, die Ihr Selbstbewusstsein stärken. Los geht's!

Sie öffnen die große Tür zum Festsaal und bitten die Gäste herein. Alle sind gekommen. Atmen Sie tief durch. Atmen Sie alle negativen Gedanken, Wertungen und Gefühle in den schwebenden Luftballon an der Decke. Nur Sie können ihn sehen. Begrüßen Sie jeden Ihrer Gäste mit Handschlag. Atmen Sie tief, und sehen Sie jedem dabei in die Augen, ohne Angst oder Vorwurf. Es ist, wie es ist, und darf jetzt gut werden. Deshalb geben Sie dieses Fest.

Nachdem sich alle begrüßt und ihren Platz gefunden haben, beruhigt sich nun das allgemeine Gemurmel. Sie stellen sich vor die Gäste und halten eine Rede. Sie erzählen, warum Schuld und Schuldigsein nicht länger Teil Ihres Lebens(-dramas) sein sollen. Sie vergeben denen, die Ihnen etwas schulden. Sie bitten die um Vergebung, denen Sie etwas schuldig sind. Tun Sie dies in Achtung und Respekt und in voller Konzentration, ehrlich eben. Sie bekommen von den Gästen Anerkennung, freudiges Staunen und zufriedene Gesichter zurück.

Gehen Sie nun an den Tisch mit den Geschenken, die Sie zurückzugeben haben. Rufen Sie die jeweiligen Personen – egal, ob sie noch leben oder nicht, nacheinander auf, zum Tisch und zu ihnen zu kommen. Geben Sie mit einer kleinen Verbeugung zurück, was Sie sich geliehen haben. Lassen Sie sich und Ihr Gegenüber sagen: »Nun sind wir frei! Unser Spiel ist beendet.«

Machen Sie so lange weiter, bis der Tisch leer ist. Klopfen Sie sich anerkennend auf die Schulter. Atmen Sie tief ein und aus. Werden Sie sich bewusst, dass Sie nun von der Schuldenlast befreit sind. Wie fühlen Sie sich jetzt – innen und außen? Wer sind Sie jetzt? Welche Möglichkeiten haben Sie nun?

Freuen Sie sich über Ihre neue Leichtigkeit und Unabhängigkeit. Treffen Sie nun eine Vereinbarung mit sich selbst: Was stellt sicher, dass Sie sich nicht wieder in eine solche Schuldenlage begeben? Womit stellen Sie sicher, dass Sie sich daran im richtigen Augenblick erinnern und diesmal anders handeln, zu Ihren Gunsten? Alles klar? Sehr gut, dann geht es weiter.

Wenden Sie sich nun dem Tisch zu, der noch leer ist. Eine lange Schlange von Personen hat sich in der Zwischenzeit davor gebildet. Sie halten Geschenke in der Hand. Die Geschenke enthalten all das, was Ihnen noch geschuldet wird. Nehmen Sie das, was Sie noch zurückzubekommen haben, mit einer kleinen Verbeugung an. Sagen Sie Ihrem Gegenüber:»Danke, dass du es mir wiedergibst. Ich kann es jetzt gut gebrauchen. Nun sind wir quitt.«Entlassen Sie Ihren Schuldner mit einer kleinen Verbeugung beiderseits vom Tisch und/oder aus Ihrem Leben. Fahren Sie mit der Übung fort, bis alles, was Sie einmal verliehen haben, zu Ihnen zurückgekehrt ist. Es kann sein, dass Sie entdecken, dass Sie vieles davon nicht mehr brauchen. Dann geben Sie es dahin, wo es benötigt wird. Etwas anderes, das Sie jetzt besser gebrauchen können, wird stattdessen zu Ihnen kommen.

Atmen Sie tief ein und freuen Sie sich über Ihre Leichtigkeit und Ihren wiedergewonnenen Reichtum. Herrlich! Sie sind frei. Sie können sich nun dem erfreulichen Kontakt mit Ihren Gästen widmen oder das Fest beenden, ganz wie Sie wollen.

Übung B: Entschulden im Außen

Machen Sie immer zuerst Übung A, dann sind Sie bestens vorbereitet. Jetzt geht es darum, in Ihre eigene Größe hineinzuwachsen und diese auch zu beweisen.

Schließen Sie die Augen. Atmen Sie alle negativen Gefühle und Gedanken in den Luftballon, der über Ihnen an der Decke schwebt. Lassen Sie nun den Luftballon los. Er recycelt sich selbst.
Suchen Sie sich in Ihrer Fantasie einen Platz mit nährstoffreichem Boden und einem herrlichen Rundumblick. (Wer unseren Lindenhof kennt, weiß, was ich meine.) Ziehen Sie Ihre Schuhe aus, und stellen Sie sich auf die Erde. Wählen Sie genau den für Sie besten Standort aus. Wenn Sie ein Baum wären, welcher wären Sie dann? Wie groß, wie klein, wie gesund, wie beschädigt fühlen Sie sich? Nehmen Sie sich selbst als diesen Baum wahr. Atmen Sie tief in den Bauch hinein ein und aus. Ist das Ihre eigentlich geplante Form, in der Sie sich jetzt befinden? Wenn nicht, welche Form und Substanz hätte der Baum, der Sie eigentlich sein wollten? Nehmen Sie dieses innere Bild mit in Ihre Realität.
Konzentrieren Sie sich nun auf Ihre Füße. Lassen Sie von Ihren Fußsohlen aus lange Wurzeln in die heilende, nährende Erde wachsen. Fühlen Sie die Erde mit ihren Schichten angenehm warm und kühlend, feucht und trocken an Ihren Wurzeln. Atmen Sie den würzigen Duft der Erde tief ein.
Stellen Sie sich nun vor, dass die Form des Baumes, der Sie eigentlich hätten sein wollen, sie umgibt. Sie müssen nur noch hinein-

wachsen. Legen Sie die Zunge an den Gaumen, so schließt sich Ihr Energiekreislauf, und es geht Ihnen nichts verloren. Öffnen Sie Ihre Arme weit zum Horizont und hoch zum Himmel. Wachsen Sie in Ihre tatsächliche Form hinein. Holen Sie sich dazu alle Nährstoffe aus dem Boden und aus der Luft, die Sie benötigen. Recken und strecken Sie sich. Werden Sie so groß, wie Sie sind. Tanken Sie sich so lange auf, bis Sie selbstbewusst und stabil sind.

Dies hier ist Ihr persönlicher Kraftplatz, wo Sie sich auftanken und Übersicht und Ruhe gewinnen. Mit dem Wissen um Ihre wahre Größe, der Sie jetzt nicht mehr aus dem Weg gehen, können Sie sich allem und jedem stellen. Nach und nach, immer nachdem Sie aufgetankt sind, nehmen Sie sich nun die Personen und Institutionen vor, denen Sie etwas schulden. Gehen Sie in Ihrer ganzen Würde und Ehrlichkeit dorthin, und besprechen Sie mit den Betreffenden, wie die Schulden abbezahlt werden können. Übervorteilen Sie sich dabei nicht selbst. Sie tun das alles für sich selbst, damit es Ihnen besser geht, vergessen Sie das nicht. Erarbeiten Sie zusammen einen Plan, der Sie nicht erneut knebelt oder in eine Zwangslage bringt. Sie sind schließlich auf dem Weg in die persönliche Freiheit. Das ist Ihr Geburtsrecht: ein freies, unabhängiges Leben.

Lassen Sie sich Zeit, Ihre Schulden abzubezahlen. Es wird honoriert, dass Sie dazu bereit sind. Sie können hierfür eine kostenfreie Schuldnerberatung in Anspruch nehmen. Oft ist es möglich, einen teilweisen Schuldenerlass zu erwirken, wenn man das Gespräch sucht und sich nicht versteckt. Nach und nach befreien Sie sich auch im wirklichen Leben. Glückwunsch!

Nach getaner Entschuldung treffen Sie mit sich selbst eine Vereinbarung, die Sie davon abhält, zum Wiederholungstäter zu werden. Prüfen Sie, ob Sie diese Vereinbarung wirklich einhalten können. Wenn nicht, treffen Sie eine bessere Vereinbarung mit sich selbst. Eine, die Sie garantiert und leicht einhalten können. Ist das Werk getan, können Sie sich endlich den wirklich wichtigen Dingen in Ihrem Leben widmen – und das sind niemals Probleme.

Ihre wahre Größe und Ihren persönlichen Kraftplatz, Ihre Tankstelle kennen Sie ja jetzt. Tun Sie nichts, ohne sich vorher aufzutanken, dann sind Sie für alle Stürme des Lebens gerüstet.

Der gerechte Ausgleich

Bereichern Sie sich auf Kosten anderer, wird Ihr Gerechtigkeitsgefühl den Ausgleich herstellen wollen. Wir alle sind in ein Wertesystem eingebunden, das ganz genau vermittelt, was gut und böse ist. Niemand bleibt von diesem allgemeinen Wissen, das unser Zusammenleben regelt, unberührt. Dieses faire Wertesystem wohnt in jedem von uns – auch die tiefe Gewissheit, dass nur die Einhaltung dieser Spielregeln unser Leben in der Gesellschaft garantiert.

Gewissen = Gewährleistung des Wissens
um Gerechtigkeit und Ausgleich

Aus der Praxis:
Vom Geben und Nehmen

Tilman B. wurde durch einen Geschäftskollegen auf mich aufmerksam und vereinbarte einen Termin in der Praxis mit mir. Tilman war 27 Jahre alt. Er war Ingenieur und Geschäftsführer einer Firma für Druckgussteile. Materiell ging es ihm gut, doch mit zunehmendem Erfolg fühlte er sich mehr und mehr von seinen Freunden abgeschnitten und vereinsamt. »Dabei brauche ich gerade jetzt gute Freunde, in der Firma gibt es viel Konkurrenz. Ich weiß nicht genau, wem ich trauen kann.« Der junge, blonde, stämmige Mann wirkt in seinem Businessanzug noch unsicher und keineswegs wie eine Respektsperson. Ich konnte mir gut vorstellen, dass er die Unterstützung seiner Freunde vermisste.

Tilmans Vermutung, seine Freunde würden ihm eventuell den raschen Aufstieg neiden und sich deshalb abwenden, erwies sich als unrichtig.

Tilman wuchs in der Vorstadt auf. Die Jungen in seinem Viertel schlossen sich schon als Kinder zu einer nicht kriminellen Jugendgang eng zusammen. Sie hielten zusammen wie Pech und Schwefel, schafften es sogar, dass ein Jugendhaus von der Gemeinde bereitgestellt wurde, das sie selbst verwalten durften. Darauf waren sie unheimlich stolz.

Die Eltern der Jungen waren alle nicht wohlhabend. Tilman war der Sohn einer alleinerziehenden Mutter, seine Gang war seine Ersatzfamilie. Die Mama verdiente nicht viel Geld und war nicht besonders fürsorglich. Tilman wurde von den Familien seiner Freunde »durchgefüttert«, bekam im Lädchen der Eltern seines besten Freundes einen Job. Um zu studieren, konnte er sich dort Geld verdienen. Als seine Mutter einen Partner fand, verstand Tilman sich nicht mit ihm und zog mit knapp 15 Jahren zu seinem Freund Georg, der seine Eltern so lange bekniet hatte, bis sie dazu einwilligten.

Als Tilman Abitur machte und studierte, gingen fast alle seine Freunde bereits in die Lehre und hatten mehr Geld als er. Häufig wurde er von seinen Kumpels eingeladen und ausgehalten; sie fanden es toll, dass er so viel Durchhaltevermögen besaß und studierte. Als Tilman mit dem Studium fertig war, gab er eine nette kleine Party. In seiner neuen Stellung verdiente er auf Anhieb wesentlich mehr als seine Kumpels, die mittlerweile ausgelernt hatten, an ihren Arbeitsplätzen. Ständig hatte er zu tun, bastelte an seiner Karriere, wurde schließlich zum Geschäftsleiter befördert – und stellte fest, dass er keinen hatte, mit dem er das feiern konnte.

In einer unserer Sitzungen gab ich Tilman einen Sack Murmeln und zwei Schälchen. Ich bat ihn, in die eine Schale Murmeln zu legen als Symbol für das, was er seinen Freunden gegeben hatte, in die andere Schale sollte er Murmeln legen für das, was er von seinen Freunden und deren Familien erhalten hatte.

Mein Klient war unglaublich erstaunt, als er das Missverhältnis sah. Die Schale mit dem, was er erhalten hatte, war zum Überquellen voll, in der anderen Schale lagen nur ein paar Murmeln.

Diese einfache Übung verdeutlichte ihm, dass es nicht der Neid war, warum seine Freunde sich zurückgezogen hatten. Er hatte nur verpasst, etwas zurückzugeben, einen Ausgleich für das Erhaltene zu schaffen, als er dazu in der Lage war.

Nach und nach verabredete sich Tilman mit seinen Freunden und half ihnen nun, wo er es konnte. Er gab etwas zurück, bis der Ausgleich wieder hergestellt war.

Heute gehört Tilman wieder dazu, er pflegt seine alten Freundschaften gut. Er ist zufriedener und überlegter geworden. Seine neue Selbstsicherheit steht ihm gut. Die Kollegen nehmen ihn als einen der ihren an.

Es ist ein Gesetz des Lebens: Erst wenn ein gerechter, angemessener Ausgleich stattgefunden hat, kommen Ruhe und Frieden in unser Dasein. Dazu sollten wir in die Verantwortung für unsere Taten gehen.

Möchten Sie ohne Wenn und Aber Verantwortung für Ihr Leben übernehmen? In diesem Fall bekommen Sie vom Universum und auch hier auf Erden alle Hilfe zur Selbsthilfe, die Sie brauchen. Immer.

Die Wiedererweckung
des inneren Gartens

Seit vielen Jahren arbeite ich in meiner Praxis mit der Vorstellung des inneren Gartens. Es geht um das Bewusstsein, ein inneres Territorium zu besitzen, einen inneren Raum. Hierzu habe ich das Programm »Tiefentrance« (CD »Tiefentrance« von Beate Kuby) entwickelt, das Ihren inneren Garten entgiftet, entmüllt und ihn Ihnen wieder als Lebens- und Gesundheitsbasis zur Verfügung stellt. Dies geschieht ganz von allein, während Sie tiefenentspannt anfangs regelmäßig das Programm hören.

Jeder Mensch kommt mit einem perfekten inneren Garten auf die Welt. Hierin ist alles Wissen um einen vollkommenen Kreislauf der Natur vorhanden und alles Wissen um das, was uns nährt. Wie der Biologe und Journalist Andreas Weber in seinem wunderbaren Buch »Alles fühlt«* schreibt, weiß der Körper, ja, sogar schon die einfachste Zelle, unbewusst, was für die Fortexistenz gut ist und was für sein Weiterleben verheerend. Doch dieses Wissen ist tief in unserem Zellgedächtnis. Es hat eine eigene Dimension, die wir nur im Spiegel unserer Gefühle selbst erfahren können.

Wir halten dieses Wissen und unseren inneren Garten für selbstverständlich, ewig und unantastbar. Wir haben noch nicht gelernt, dass wir Grenzen setzen müssen. Viele Menschen haben ihr eigenes Wissen nicht genutzt und so verloren. Sie haben keinen Respekt und erkennen nicht den Wert der inneren Gärten. Für diese Menschen sind sie einfach Niemandsland, sie gehören allen.

---

* Andreas Weber: *Alles fühlt – Mensch, Natur und die Revolution der Lebenswissenschaften,* Berlin Verlag 2007

Ganz besonders unbewusste Menschen, ich nenne sie »Grobgeister«, verwandeln die inneren Gärten ihrer Mitmenschen in private Müllhalden, wo sie alles abladen, was sie nicht mehr haben wollen.

Irgendein »Grobgeist« macht den Anfang. Er hat einen alten Sack voller Sondermüll dabei und ist zu faul, ihn zur Sondermüllsammelstelle zu bringen und unangenehme Fragen zu beantworten. Dieser »Grobgeist« wandert nun mit seinem Sondermüllsack durch die Gegend. Er sieht Ihren harmonisch im Einklang mit Ihrer Natur funktionierenden inneren Garten. Dieser Garten gefällt ihm. Weil der Garten keinen Zaun und kein Namensschild hat, setzt sich der »Grobgeist« hinein. Er genießt den perfekten Kreislauf und die Schönheit Ihres inneren Gartens. Wahrscheinlich ist er neidisch und will auch so einen Garten haben. Wenn er nicht so einen Garten haben kann, dann soll ihn auch kein anderer haben. Der »Grobgeist« hat seinen inneren Garten aus Unwissenheit bereits so zugemüllt, dass er dessen Existenz völlig vergessen hat. Nur seine Sehnsucht bleibt und macht ihn zum Suchenden. Wenn der »Grobgeist nun Ihren inneren Garten sieht, kann er den alten Sack in seiner Hand erst recht nicht mehr ertragen. Er lässt ihn stehen und geht weiter. Der katastrophale Anfang einer fatalen Entwicklung. Müll zieht Müll an, und im Nu ist Ihr innerer Garten bedeckt mit großen Haufen alter Säcke. Das Ökosystem bricht zusammen. Der Garten erstickt.

Das bemerken Sie in Ihrem Leben da draußen in der menschlichen Gesellschaft daran, dass Sie nicht mehr wissen, wo Ihre Grenzen sind, ob Sie überhaupt welche haben und wie Sie sie einsetzen sollen. Sie lassen sich übervorteilen, manipulieren und treffen Entscheidungen zu Ihren eigenen Ungunsten.

Die gute Botschaft ist allerdings die, dass alles, kommt es erst einmal in unser Bewusstsein, wieder rückgängig gemacht werden kann.

Wir kommen mit einem perfekten inneren Territorium auf die Welt, nur hat es noch keine Grenzen und ist uns nicht bewusst.

Aus der Praxis:
Lauras verlorene Grenzen

Laura war 14 Jahre alt, mittelgroß, sehr sportlich und ehrgeizig. Sie litt an einer beginnenden Magersucht, das Essen war das Einzige, was sie selbst steuern konnte. Es war ein Punkt erreicht, an dem geklärt werden musste, ob sie in eine Klinik ging oder sich in einer Therapie, die sie mitmachte, noch eine Chance gab.

Das untergewichtige, drahtige Mädchen mit dem weißen Gesicht und der schwarzen Punkerfrisur wirkte hart und ausdruckslos. Laura fand es »bescheuert«, dass ihr alleinerziehender Vater und dessen Freundin sie zu mir geschickt hatten.

Lauras Mutter hatte festgestellt, dass sie lesbisch war, und hatte sich zwei Jahre nach der Geburt des Kindes geoutet. Sie ließ Laura bei ihrem Vater, der mit ihr heftig um das Sorgerecht prozessiert hatte. Um das Kind nicht noch mehr hin und her zu reißen, gab sie nach. Der Papa hütete Laura wie seinen Augapfel und hielt sie von der Mutter und deren Freundin fern, sooft er konnte.

Es entwickelte sich eine »Geheimniskultur«. Laura und ihre Mama wurden Komplizinnen, trafen sich heimlich und flüchtig, wann immer es ging. Laura hatte weder zum Vater, den sie anlügen musste, um ihre Mutter zu sehen, ein entspanntes Verhältnis, noch zu dieser Mutter, von der sie ja verlassen worden war. Das Gezerre um meine junge Klientin verletzte ständig ihre Grenzen. Nirgendwo fühlte sie sich so richtig entspannt und sicher.

Beide Eltern und deren jeweilige Lebenspartner wollten besser als Laura wissen, was gut für sie sei, oft ohne sie selbst zu fragen. Kein Wunder, dass sie es grausam fand, nun in mir noch einer Person ausgesetzt zu sein, die eventuell an ihr herumexperimentieren würde.

Ich sagte Laura, dass sie freiwillig hier sei. Ich sähe mich als ihr Anwalt in eigener Sache. Niemand würde von unseren Gesprächen erfahren, es sei denn, sie selbst würde die Eltern einmal in die Praxis zum gemeinsamen Gespräch einladen. Dann fragte ich sie, nachdem ich ihr versichert hatte, dass ich mich in ihre Essgewohnheiten nicht einmischen würde, ob sie bereit sei, einmal pro Tag zu einer festen Zeit zu mir in die Praxis zu kommen, sich zu entspannen und es sich wert zu sein, diese 50 Minuten in sich selbst zu investieren.

Wenn auch anfangs skeptisch, so kam Laura doch regelmäßig zum verabredeten Termin und machte gut zugedeckt und mit Aromaölen beduftet die Reise in ihren inneren Garten.

Wir begannen, kurze Gespräche zu führen, und nach und nach entstand Vertrauen.

Laure spürte, dass das Programm »Tiefentrance« ihr wirklich half, Glaubenssätze, die nicht ihre eigenen waren, aus ihrem inneren

Garten zu entfernen und die Blumen zum Blühen zu bringen, die ihr endlich gute Grenzen und Selbstbestimmung brachten.

Laura lebt heute in einer betreuten Mädchen-WG. Sie bestimmt selbst, wann und wie oft sie ihre Eltern sieht – genau so oft, wie es ihr guttut. Ihre eigenen Bedürfnisse kennt sie immer besser, und sie hat gelernt, sie zu äußern. Das Mädchen hat gelernt, Grenzen zu setzen und zu überprüfen, ob sie das, was sie angeboten bekommt, auch haben will.

Ein Klinikaufenthalt war nicht mehr nötig. Lauras Gewicht stabilisierte sich, sie kann sich mittlerweile ohne Zwang mit Essen beschäftigen, kocht sogar hin und wieder für ihre Mitbewohnerinnen. Sie erholt sich zusehends, wir sind auf einem guten Weg.

Mit Laura machte ich immer wieder die folgende Übung, bis wir gründlich aufgeräumt hatten. Ich stelle Sie Ihnen hier gern zum Ausprobieren zur Verfügung. Willkommen in Ihrem inneren Garten!

Übung: Der alte Sack und die Freiheit

Nehmen Sie sich Zeit. Gehen Sie in der Natur spazieren. Suchen Sie sich einen schönen, ungestörten Platz. Setzen Sie sich hin. Schließen Sie die Augen. Atmen Sie tief ein und aus. Hören, fühlen, riechen Sie die Natur um sich herum. Tun Sie das so lange, bis Ihr Geist und Ihr Körper sich ganz entspannt haben.

Stellen Sie sich nun Ihren inneren Garten in seinem unangetasteten Ursprungszustand vor. Erkunden Sie ihn mit allen Sinnen.

Alles, was Sie für ein erfülltes Leben brauchen, ist hier vorhanden – und noch viel mehr. Das ist Ihre Mitgift für Ihr Leben. Sie haben ein Recht darauf. Jeder besitzt einen solchen Garten, der ganz auf seine Lebensbedürfnisse abgestimmt ist. Atmen Sie tief ein und aus.

Betrachten Sie nun, wie viele alte Säcke Ihren inneren Garten bereits zu einer Müllhalde gemacht haben. Vielleicht haben auch Sie selbst ein paar hinzugetan, weil Sie Ihren inneren Garten vergessen hatten. Erobern Sie ihn sich wieder! Der innere Garten ist Ihr Eigentum.

Bestellen Sie innerlich eine ganze Armada der unterschiedlichsten Mülllastwagen. Sobald sie anrollen, geht es ans Aufräumen. Krempeln Sie Ihre Ärmel auf. Werfen Sie bewusst all die Müllsäcke aus Ihrem Garten fort. Jeder entsorgte alte Sack bringt Ihnen ein Stück Freiheit wieder. Atmen Sie tief. Merken Sie, wie das Atmen leichter wird? Immer leichter und freier, von Atemzug zu Atemzug. Ist Ihre Müllaktion beendet, bedanken Sie sich bei den Müllmännern. Die Müllwagen fahren ab. Sie sind allein. All-eins mit sich. In Ihrem wiederhergestellten Territorium, Ihrem inneren Garten. Dieser wird sich jetzt erholen.

Alle Informationen zur Heilung sind im Boden Ihres inneren Gartens gespeichert. Sie haben nur darauf gewartet, wiedererweckt zu werden. Sagen Sie laut: »Ich erwecke dich jetzt zu neuem Leben.« Sehen und fühlen Sie, wie sich Ihr innerer Garten, Ihr Lebensterritorium, in Windeseile erholt und regeneriert. Alles Wissen ist noch da. Seien Sie begeistert von der Schönheit und Vitalität Ihres inneren Gartens.

Ein wichtiges Wissen haben Sie aus Ihrer Lebenserfahrung mit hergebracht. Das Wissen um sichtbare, gute und schützende Grenzen. Ziehen Sie jetzt eine gut sichtbare Grenze um Ihren inneren Garten. Dies ist die Information für jeden, dass dies kein Niemandsland ist. Hängen Sie ein Schild mit Ihrem Namen an das Eingangstor. Bringen Sie eine Klingel an. Niemand soll mehr ungefragt Ihren inneren Garten betreten.

Hier ist Ihr inneres Territorium, der Ort Ihrer Regeneration. Ihr gut geschützter innerer Garten und dessen regenerierende Nutzung ist Ihr Kapital in diesem Leben, um gesund und erfolgreich zu sein. Schützen Sie ihn. Halten Sie sich dort so oft auf, wie Sie können. Gehen Sie jede Nacht vor dem Einschlafen dorthin. Hier sind Sie sicher und jederzeit geborgen.

Öffnen Sie nun Ihre Augen. Seien Sie sich bewusst, dass die Schönheit, die Sie umgibt, auch in Ihrem Inneren wohnt und sich jederzeit zeigen darf. Ihre Grenzen sind jetzt gut geschützt. Dafür sorgen Sie.

Vergessene Ressourcen im Inneren: Das reiche Land Zanubien

Verehrte Leserin, verehrter Leser, hier ist ein kleines selbst gestricktes Märchen für Sie, vielleicht finden Sie sich in der einen oder anderen Position wieder, und einer der Charaktere hilft Ihnen weiter.

Es gab einmal ein sehr schönes, reiches Land, das Land Zanubien. Dort lebte ein alter Kaiser, der keine leiblichen Nachkommen mehr hatte.

Das reiche Land war ein Objekt der Begierde für andere Staaten. Alle Söhne und Töchter des Kaiserpaares und auch die Kaiserin hatten ihr Leben bei der Verteidigung der Grenzen von Zanubien gelassen. Bislang aber hatte niemand das Land, in dem seine Bürger äußerst glücklich und zufrieden lebten, einnehmen können.

Der alte Kaiser, der all diese Opfer für Zanubien gern erbracht hatte, war nun müde geworden. Er sehnte sich nach einem Wiedersehen mit seiner Gemahlin und seinen Kindern. Und so wurde ein würdiger Nachfolger und Regent für das paradiesische Zanubien gesucht.

Er sollte besonnen, klug und kreativ, langlebig und friedfertig sein und das Land wie seinen eigenen Körper spüren. Auf diese Weise würde er allen Angreifern voraus sein, die die Grenzen des reichen Zanubien überschreiten wollten.

Zanubien war jedoch nicht nur von außen bedroht, nein, auch im Inneren des Landes lauerte eine große Gefahr. Ein Gebiet so groß wie Bayern war Hochsicherheitstrakt und Sperrzone. Dort wohnte der »Feind im Inneren«, der Sage nach ein Drache so groß wie eine Stadt und so gefährlich wie ein Atomreaktor kurz vor der Kernschmelze. Sein Name war Zabanos, der Hüter. Sollte er einmal freikommen, so erzählten sich die Leute, könnte er das Land im Inneren verwüsten und für große Armut sorgen.

Der müde, alte Kaiser von Zanubien bestimmte nun, dass sein Nachfolger zuerst den Drachen unschädlich machen müsse, damit diese Gefahr vorbei sei. Fortan hätte er noch genug damit zu tun, alle Gleichgewichte im Land zu erhalten und die Grenzen zu verteidigen, damit es allen Lebewesen in Zanubien weiterhin möglich sei, in Fülle und Frieden zu leben.

Aus Zanubien selbst und aus dem ganzen Universum kamen nun die Glücksritter, Menschen mit Furcht und Adel, Menschen ohne Furcht mit Tadel. Dumme Menschen, kluge Menschen, meist aber Männer, die stark und tapfer waren.

All diese Menschen wurden in herrlichster Weise empfangen und mit Zanubien und seiner unvergleichlichen Lebensqualität vertraut gemacht. So wussten sie, wofür es sich lohnte, möglicherweise zu sterben.

Gut ausgerüstet mit den Waffen ihrer Wahl wurden sie nun in die Hochsicherheitsdrachensperrzone gebracht, und man wünschte ihnen viel Glück. Wer den Drachen tötete, so versprach der Kaiser, durfte zum Lohn Herrscher von Zanubien werden.

Je näher aber die Glücksritter sich auf den Mittelpunkt der Hochsicherheitsdrachensperrzone und somit der Höhle des Drachen Zabanos zubewegten, umso mehr machte sich eine große bleierne

Angst in ihnen breit. Eine Angst, die lähmte und untätig machte. Und all diejenigen, die von dieser Angst befallen wurden, verfielen in Selbstmitleid. Oh, sie taten sich so schrecklich leid, dass sie den ganzen Tag weinen mussten, einander ihr Leid klagten und dabei das Ziel vergaßen. Sie waren nicht einmal in der Lage, Zanubien wieder zu verlassen, obwohl niemand sie daran gehindert hätte. Das Selbstmitleid grassierte wie eine schlimme Seuche und forderte viele Opfer. Und wer von den Glücksrittern noch lebte, war eifrig dabei, einen Schuldigen für die ganze Misere zu suchen.

Während alle lamentierten und auch der alte Kaiser ganz verzweifelt war, lebte der Drache Zabanos zurückgezogen und friedlich in seiner Höhle. Er wurde nur sehr selten zornig. Eigentlich immer nur dann, wenn jemand die Grenzen von Zanubien verletzen wollte, dem einzigen Land auf Erden, in dem noch Gleichgewicht herrschte.

Nach dem universellen Gesetz des freien Willens durfte der Drachen Zabanos nur dann schützend eingreifen, wenn er darum gebeten wurde. Dies hatte aber schon lange niemand mehr getan. Stattdessen hatten sie diese lächerliche Hochsicherheitsdrachensperrzone um seine Behausung errichtet und betrachteten ihn als Feind.

Er war niemandes Feind. Er war schon lange vor allen anderen hier gewesen und hatte ihnen erlaubt, auf seinem Gebiet unter seinem Schutz zu leben. Durch ihn war Zanubien zu einem sicheren, friedlichen Ort geworden, an dem sich die Menschen schon immer ihren reichen Talenten gemäß in aller Ruhe entwickeln konnten. Doch das wusste niemand mehr, auch der alte Kaiser nicht, der so damit beschäftigt war, die Grenzen zu verteidigen, dass er das Herz des Landes vergessen hatte.

Dem Drachen Zabanos war es unerträglich langweilig. Seine Flügel hatten schon ein wenig Rost angesetzt, und mit seiner Fitness stand es nicht zum Besten. Man könnte sagen, er litt seit 200 Jahren an einer kleinen Drachendepression. Tatenlos musste er zuhören, wie die Glücksritter in ihrer Gier, ihrem Geltungsdrang und ihrer Feigheit immer neue Schauergeschichten über ihn erzählten, um sich wichtig zu machen und als Helden zu erscheinen.

Gott sei Dank war Zabanos sehr gutwillig. Er hätte mit einem einzigen Feueratem das ganze Land in eine dürre Wüste verwandeln können. Doch da er zum Helfen, Hüten und Beschützen geboren war, durfte er dies nur mit ausdrücklicher Erlaubnis und im absoluten Notfall tun.

Heimlich hatten schon so einige Herrscher anderer Länder, solche, die es dann offiziell nicht gewesen sein wollten, den Drachen um Auslöschung von Ländern und Kontinenten gebeten. Sie hatten ihm alles versprochen, ihn sogar erpresst und ihm gedroht, aber ohne Erfolg. Ein Drache genügt sich selbst, er ist nicht erpressbar. Ein Drache hat keine Angst, denn er weiß, dass Angst eine unsinnige Illusion ist. Ein Drache kann sich fürchten, das macht in begründeten Fällen Sinn. Aber was kann einem Drachen etwas anhaben? Ein echter Drache ist unsterblich und unverwundbar.

In einer sternenklaren Nacht geschah es nun, das der alte Kaiser in seiner Sehnsucht und der Drache Zabanos in seiner Sehnsucht gen Himmel blickten. Der eine auf seinem Paradebalkon, der andere auf einem Hochplateau vor der Drachenhöhle.

Beide sahen sich mit ihrer Weisheit am Ende und baten SPIRIT, den Schöpfer und Meister aller Dinge, um Hilfe.

Goldenes Licht fiel mit der nächsten Morgenröte vom Himmel auf das Land und die beiden Bittenden herab.

An diesem Tag wachte ein kleiner Junge in Zanubiens Hauptstadt Zimbalabim schon früh auf. Er hieß Zabiko. Zabiko spürte den besonderen Zauber dieses Morgens, und ein Plan reifte in seinem kleinen Kopf endlich zur Gewissheit heran. »Liebste Mutter«, weckte er seine noch schlafende Mutter mit einem Kuss auf die Stirn, »es ist soweit, der Drache hat mich gerufen. Ich habe schon so oft von ihm geträumt. Ich weiß, dass er kein Unrecht tut. Er ist nicht verantwortlich für die ganzen Toten in der Hochsicherheitsdrachensperrzone. Außerdem gehört er einer bedrohten Art an, wenn nicht gar einer aussterbenden Rasse. Schnell, lass uns ein paar Sachen packen, ich will zu ihm und ihm sagen, dass er einen Freund hat. Dann wird alles gut!«

Seine Mutter Myrielvier glaubte ihrem Sohn Zabiko aufs Wort und packte alles Nötige zusammen.

So bekam der alte Kaiser an diesem Tag Besuch von Myrielvier und dem kleinen Zabiko. Als er die leuchtenden Augen des Jungen sah, schlug er sich vor die Stirn und lachte vor Freude. Denn plötzlich erinnerte er sich. Er wusste wieder, dass es da noch ein paar heilige Bücher gab, in denen der Drache und die Entstehung Zanubiens beschrieben waren. Die kostbaren alten Bücher ruhten in Kisten tief in den Gewölben des Kaiserschlosses, so gut versteckt hinter dicken Mauern und Türen mit vielen Riegeln und Schlössern, dass niemand mehr wusste, dass sie existierten. Selbst der alte Kaiser nicht, war er doch von all dem Alltags- und Regierungskram so in Anspruch genommen.

»Ein Irrtum, ein fataler Irrtum, der schon so viele das Leben gekostet hat!«, rief der Kaiser nun. »Als kleiner Junge kannte ich die Schöpfungsbücher noch, aber weil sie so kostbar waren, sozusagen die Ursubstanz unseres Staates in ihnen steckte, haben wir sie immerzu nur behütet, aber nie benutzt. Wie töricht wir doch waren! Hätte ich das alles nur schon als Junge begriffen, so wie du jetzt.«

Der alte Kaiser ordnete einen Prunkzug in das Hochsicherheitsdrachensperrgebiet für seine Wenigkeit und den Jungen mit seiner Mutter an. Sie besuchten den Drachen, verbeugten sich in Demut vor ihm und baten ihn, seinen alten Platz als Herz des Landes wieder einzunehmen.

Dann ließ der Kaiser die Sperrzone in einen riesigen Park verwandeln, mit vielen Bäumen, bunten Blumen, Rasenflächen und Springbrunnen. Und mittendrin wohnte der Drache in seiner Höhle. Mit seiner Langeweile war es nun vorbei, denn er bekam täglich viel Besuch von Menschen, die seinen Rat hören wollten. Alle staunten sie über seine unerschöpfliche Weisheit.

Der alte Kaiser übergab die Regierung der Mutter des kleinen Jungen, bis dieser groß genug war und Lust hatte, selbst zu regieren. Das Land Zanubien blieb innen und außen sicher, es wurde nicht mehr angegriffen, sondern galt als Vorbild für andere Staaten und Völker. So entstand langsam, aber sicher Frieden auf der ganzen Welt. Und alle hatten endlich Zeit für das Wesentliche.

Ein guter Kontakt zu unseren inneren Ressourcen ist essenziell für unser Wohlbefinden. Man könnte auch sagen: eine gute Zusammenarbeit von linker und rechter Gehirnhälfte. Oder von Herz und Hand, von Kopf und Bauch.

Manchmal aber ist ein Teil unserer inneren Ressourcen, die doch zu unserer Grundausstattung gehören, regelrecht verschüttet. Vielleicht wurde uns beigebracht, ihnen nicht zu trauen. Vielleicht schämen wir uns für das, was wir in uns vorfinden, und wollen es am liebsten vergessen. So lange, bis es uns als das Monster im Schrank erscheint, das auf keinen Fall herauskommen darf, weil sonst etwas Schreckliches passiert, wie wir glauben. Und so wenden wir viel Energie auf, die Schranktüren verschlossen zu halten, und verstricken uns in sinnlose Kämpfe im Außen.

Wer keine Angst vor seinem Inneren hat und diesen Schatz hebt und pflegt, hört auf, sich selbst zu bekämpfen. Er nutzt seine Ressourcen für statt gegen sich, setzt sie zur Stärkung der Sicherheit und der Grenzen ein. Der alte Herrscher in Zanubien hatte sein Inneres Kind verloren; als er es wiederfand, konnte er das vermeintliche Problem ohne Schwierigkeiten lösen. Auf das Innere Kind zu hören, lohnt sich immer, denn es ist frei von Verstrickung und handelt immer richtig.

Hinschauen statt wegrennen, das ist die universelle Zauberformel. Hinschauen hilft, sich eine eigene Meinung zu bilden, miteinander zu reden, eine gemeinsame Sprache zu finden, zu allseitig hilfreichen Lösungen zu kommen. Uns muss zu allen Zeiten klar sein, dass glauben nicht gleich wissen heißt, dass Gerüchte keine Tatsachen sind und dass die Angst ein schlechter Berater ist.

Stellen Sie sich den Dingen, im Außen wie im Innen. Haben Sie gute Vorannahmen, lassen Sie sich von niemandem abhalten zu tun, was Sie für richtig halten, es sein denn, Sie bitten um Rat. Aber auch dann entscheiden Sie selbst. Niemand ist für Ihr Glück oder Unglück verantwortlich außer Sie selbst.

Gib deinem Namen Kraft

Um eine Identität zu erlangen, mit der Sie gesehen und akzeptiert werden, sollten Sie sich mit Ihrem Namen identifizieren. Ich kenne viele Menschen mit großen finanziellen Schwierigkeiten, deren Problem es ist, dass das Geld nicht zu ihnen fließt. Und warum? Weil das Geld bei ihnen keinen Hafen findet.

Wenn Sie nicht empfangend die Arme ausbreiten und sagen können: »Ich bin ich«, wie wollen Sie dann als Ankerpunkt für Energie in jeder Form attraktiv sein?

Ihr »Ich-bin-ich-Kern« in diesem Leben ist Ihr Name. Wenn Sie Ihren Namen nicht lieben, überlegen Sie, wieso. Forschen Sie einmal nach, was Ihr Name bedeutet. Mein Name zum Beispiel bedeutet: die friedvolle, glückselige Lebensfadenspinnerin – wunderbar, nicht wahr? Ich bin gern in meinen Namen hineingewachsen, und gern mache ich ihm nun alle Ehre. Mein Beruf ist meine Berufung aus vollem Herzen. Wie schön, dass dies alles schon in meinem Namen angelegt ist! Unser Name ist wie ein persönliches Heilmantra. Indem Sie Ihren persönlichen Namen aussprechen, aktivieren Sie es jedes Mal wieder. Unser Alltag sorgt dafür, dass Sie dies häufig tun müssen. Genauso wenig, wie Ihre Geburt ein Zufall ist, ist es Ihr Name. Ihr Name ist immer eine Herausforderung und eine Ressource zugleich.

Freuen Sie sich über Ihren Namen,
nehmen Sie ihn stolz und voller Respekt an,
egal, wo er herkommt.

So nehmen Sie Ihre materielle Identität hier auf Erden an. Sie nennen sich beim Namen. Wer einen Namen hat, hat eine »Adresse«. Er kann von der gewünschten Energie gefunden werden. Wer seinen Namen missachtet oder hasst, zu dem werden negative Energien, oft auch in Form von Mangel, wandern.

Der Geburtsname ist der wichtige Name. Manchmal wird er auch ergänzt – manche Menschen legen sich noch einen spirituellen Namen zu oder ein zweites Ich in Form eines Künstlernamens, oder sie heiraten einen Namen. Dann sollten wir überprüfen, ob dieser wirklich zu uns passt. Wollen wir uns damit vielleicht nur anpassen oder unsichtbar machen? Oder legen wir auf diese Weise die Verantwortung für unser Leben in andere Hände? Wenn das der Fall ist, werden wir an Authentizität und Kraft verlieren.

Ein Name kann eine Verpflichtung, ein Schicksal beinhalten. Ich sollte mich damit identifizieren.

Beobachten Sie einmal, ob das, was ich hier schreibe, wahr ist. Beobachten Sie sich und andere. Das Leben ist ein großer Laborversuch.

Eigene und fremde Glaubenssätze

Glaubenssätze bestimmen unser Leben, wir wachsen damit auf. Wann immer jemand meint, er habe eine Erkenntnis gewonnen, will er sie mit seinen Mitmenschen teilen. Hätte er darauf lieber oftmals verzichtet! Denn was für den einen gut sein mag, kann dem anderen schwer schaden. Glaubenssätze sollte man auf ihre Richtigkeit in allen Lebenslagen überprüfen und niemals secondhand ungefiltert übernehmen.

Deshalb tun Sie sich und Ihrer Umwelt den Gefallen, und übertragen Sie nicht alle persönlichen Erfahrungen auf andere. Denken Sie daran, wie Sie als Kind darunter gelitten haben, dass Eltern, Lehrer und Erzieher meinten, sie wüssten, was für Sie gut ist, auch wenn das Gegenteil der Fall war. Jeder Mensch hat das Recht auf seine eigenen Erfahrungen.

Unwillkürlich möchten wir gerne, dass andere Menschen so denken und handeln wie wir selbst, um uns auf diese Weise Bestätigung zu geben. Erkenntnisse sollten wir aber nur dann weitergeben, wenn wir gefragt werden.

Wenn jemand aus Ihrem Umfeld etwas anders macht, als Sie es tun, nehmen Sie es nicht als Kritik, sondern als die persönliche Variante dieser Person, mit der Sache umzugehen. Das erweitert auch Ihren Horizont.

Um nun alle Glaubenssätze, die Sie vielleicht nicht gebrauchen können und die Sie in Ihrer Entfaltung behindert haben, wieder loszuwerden und durch eigene, bessere zu ersetzen, schlage ich Ihnen folgende Übung vor:

Übung: Das Buch der Glaubenssätze

Kaufen Sie sich ein besonders schönes Tagebuch oder ein besonders hässliches. Nehmen Sie das, was Ihrer momentanen Stimmung am besten entspricht.

Notieren Sie nun auf jeder linken Seite einen negativen Glaubenssatz, der Sie anrührt oder bisher geprägt hat. Lassen Sie immer die rechte Seite frei, schreiben Sie nur auf die linken Seiten, bis das Buch voll ist. Warum? Weil in unserer optischen Wahrnehmung die Vergangenheit immer links im Bild liegt und die Zukunft rechts. Schreiben Sie, bis das Buch voll ist. Wenn Ihnen die negativen Gedanken und Glaubenssätze ausgehen, leihen Sie sich welche von Mitarbeitern und Bekannten. Auch Tageszeitungen sind ein ausgezeichneter Fundort hierfür.

Haben Sie gewissenhaft und ohne große Unterbrechungen das Buch immer auf der linken Seite gefüllt? Sehr gut! Sie haben sich einen guten Dienst erwiesen. Jetzt liegt Ihnen das Material vor, das Sie täglich benötigen.

Sie schreiben dieses Buch nun ein zweites Mal. Jeden Tag wieder eine neue Seite. Diesmal sind es die freien rechten Seiten Ihres Buches. Im zweiten Anlauf schreiben Sie positive Annahmen und Glaubenssätze für Sie und Ihr Leben. Formulieren Sie die negativen Sätze und Bemerkungen auf der linken Seite jeweils in eine positive, glaubhafte Aussage um. Zu vermeiden sind Worte, die nur der Kopf kennt, nicht aber das Gefühl – Worte, die uns im Hier und Jetzt nicht hilfreich sind.

Im Hier und Jetzt ist der einzige Raum, in dem wir handlungsfähig sind. Im Hier und Jetzt entwerfen wir unsere Zukunft. Es gibt keine

Zufälle. Alles, was uns heute geschieht, haben wir bereits vorher in irgendeiner Form kreiert. Wir erinnern uns häufig nicht mehr daran, weil ungute Situationen damit verknüpft waren. Also gehen wir diesmal mit unserer Wortwahl achtsam und vorausschauend um.

Zu vermeiden sind: Verneinungen jeder Art, denn das Leben sagt immer Ja zu uns, wenn wir es nur zulassen. »Ich möchte …«, »Ich würde …«, »Ich hätte gern …«, »Ich muss …«, »Ich darf …«, »Ich werde …«, »Ich könnte …« etc. – all das sind Formulierungen, die wir im Leben gelernt haben und die das Ziel hatten, unseren freien Willen zu verbiegen oder zu brechen. Verschieben Sie nichts in die Zukunft, holen Sie alles Gute ins Hier und Jetzt. Nur da kann es sich entfalten. Wenn Sie sagen: »Heute und jetzt bin ich glücklich, und es bleibt so«, dann geben Sie dem Glück einen Hafen, in den es hineinsegeln und in dem es ankern kann. Sie laden das Glück ein, hier und jetzt Ihr Leben zu bereichern. Sie signalisieren, dass Sie bereit dazu sind, glücklich zu sein. Wunderbar!

Entdecken Sie Ihren freien Willen wieder. Ihr freier Wille ist wie ein Pfeil, der zielsicher, störungsfrei und kraftvoll ins Schwarze trifft. Lenken Sie Ihre freien Willen nicht mit Formulierungen, wie: »Ich werde …«, »Ich würde …«, »Ich möchte …« von der Flugrichtung und vom Ziel ab. Sagen Sie kraftvoll, ohne Unsicherheit oder Trotz: »Ich will …«, und Sie bekommen, wonach Sie verlangen. Es ist sicher kein Zufall, dass Brautleute bei der Trauung sagen: »Ja, ich will!«, und nicht: »Ich würde gern«, oder: »Ich könnte vielleicht«.

Also, es darf auch leicht sein. Das werden Sie schon während des Füllens der rechten Seiten des Buches bemerken. Sie werden sich genauso wohlfühlen dabei, wie Sie sich beim Beschreiben der linken Seiten unwohl gefühlt haben.

Ist nun das Buch auf beiden Seiten gefüllt, klopfen Sie sich auf die Schulter, und sagen Sie zu sich selbst: »Gute Arbeit gemacht!«

Nehmen Sie das Buch in allen Lebenslagen zur Hand und blättern Sie es irgendwo auf. Jetzt haben Sie die Wahl: Kraft Ihres freien Willens lösen Sie nun die Situation entweder mit den Annahmen und Glaubenssätzen der linken oder der rechten Seite aus Ihrem Buch. Ihr Leben sagt immer gern Ja zu Ihnen, wenn Sie es erlauben.

Zweifel sind wie Nebelschwaden, die Ihrem Willens- und Wunschpfeil die Sicht auf das Ziel nehmen. Wenn Sie Zweifel haben, stellen Sie diese als Beobachter in einen sicheren Abstand, und lassen Sie sie die ganze Sache beobachten, als Versuchsleiter sozusagen. Nach Beendigung Ihres Experiments dürfen sich auch die Zweifel äußern. Aber erst nach Abschluss des Experiments. Sonst hat das Experiment keine Chance, denn Ihre Zweifel haben den Ausgang bereits vorher festgelegt.

Probieren Sie immer häufiger aus, Ihr Leben so zu betrachten und zu leben, wie Sie es auf den rechten Seiten Ihres Buches notiert haben. Es lohnt sich. Ihr Leben wird reicher. Sie haben jetzt und hier die Wahl. Sie lassen das große Ja in Ihr Leben eintreten, ohne Bedingung und ohne Preis. Sie haben es in der Hand. Jeden Augenblick Ihres Seins.

Wann immer Ihnen jetzt eine negative Vorannahme über den Weg läuft, notieren Sie sie auf der linken Seite. Wandeln Sie nun Ihre Vorannahme in eine positive um. Schreiben Sie sie auf die rechte Seite. Wählen Sie mit Ihrem freien Willen, welcher Sie folgen wollen. Ich bin sicher, jetzt, wo Sie die Wahl haben, gönnen Sie sich nur das Beste.

Auflösung der Ja-aber-Falle

Wenn Sie zu den Personen zählen, zu deren Wortschatz Ja-aber gehört, haben Sie mein volles Mitgefühl. Ihr Leben gleicht einer Fahrt mit stotterndem Motor. Kaum in Fahrt gekommen, wird Ihr aufgenommener Schwung gleich wieder abgebremst. Nie kommen Sie in den Genuss der Fahrt an sich, alle Energie wird vom Stop-and-go in Anspruch genommen.

Sie gehören wahrscheinlich zu jenen Menschen, die schlecht Nein sagen können, denen ihre Motivation und folglich das, was sie selbst wollen, nicht klar ist.

Zwei Tricks, die es leichter machen

Wenn Sie ein Ja-aber in sich aufsteigen fühlen, seien Sie kurz still, bevor Sie antworten.

a) Denken Sie nach, und fühlen Sie, ob Sie überhaupt Ja sagen wollen. Tun Sie das vielleicht nur jemand anderem zuliebe oder, um nicht negativ aufzufallen?

b) Sagen Sie vielleicht Ja, um Ihr Gegenüber mit Ihrem Aber wieder abzuwerten? (Beispiel: Er: »Schatz, ich habe den Schusters zugesagt, dass wir zusammen was unternehmen!« Sie: »Ja, aber mit diesen Klamotten brauchst du dich dort nicht blicken zu lassen!«)

Der Trick, es anders zu machen und in guter Eigendynamik zu bleiben, ist:

Zu a) Nehmen Sie eine Körperhaltung ein, die sich für Sie würde-voll anfühlt, und sagen Sie freundlich und bestimmt Nein, wenn Ihnen danach zumute ist. Sehen Sie Ihrem Gegenüber dabei fest in die Augen. Sie können das Nein begründen, aber rechtfertigen Sie weder das Nein noch sich selbst. Es ist, wie es ist. Sie haben Nein gesagt, das ist Ihr gutes Recht. Atmen Sie weiter, und seien Sie stolz auf sich.

Zu b) Trennen Sie in diesem Fall Ihr Ja oder Nein von der folgenden Kritik. Gestalten Sie die Kritik konstruktiv, damit Ihr Gegenüber sie annehmen kann. Nur damit ändern Sie etwas. (Beispiel: Sie: »Schön, dass du zugesagt hast, ich habe auch Lust, was mit Schusters zu unternehmen.« Punkt. Einatmen. Ausatmen. Andere Körperhaltung. Dann: »Das wäre doch ein guter Anlass, dir den tollen Anzug zu kaufen, den wir letztens gesehen haben.«)

Merken Sie etwas? So möchten Sie selbst auch angesprochen wer-den, ganz einfach.

Nicht nur privat, auch beruflich lassen sich beide Methoden mit Erfolg einsetzen. Sie behalten Ihre Dynamik und Ihre Glaubwürdig-keit vor sich und anderen bei.

Viel Spaß beim Fahren, jetzt können Sie es endlich genießen – un-gebremst. Ihre Mitbewohner auf dieser schönen Erde werden es Ihnen danken, wenn es nicht mehr so umständlich mit Ihnen ist. Eine Win-win-Situation für beide.

Aus der Praxis:
Die Ja-aber-Sager

Eine besonders hartnäckige Spezies von Mensch verbirgt sich in der Gruppe derer, denen nicht zu helfen ist. Mit genau diesem Satz meldete sich Gudrun F. per Telefon in meiner Praxis an.

»Sie können mir wahrscheinlich sowieso nicht helfen, aber Sie können es ja versuchen«, meldete sie sich bei mir, noch bevor sie mir ihren Namen mitteilte.

»Wobei ist Ihnen denn nicht zu helfen?«, fragte ich sie.

»Immer habe ich Streit mit meinen Kollegen, muss deshalb oft den Arbeitsplatz wechseln, und dabei bin ich arm wie eine Kirchenmaus geworden.«

Frau F. war als Pflegedienstleiterin in diversen Altenheimen tätig. Kräfte wie sie wurden dringend auf dem Arbeitsmarkt gesucht und in dieser Position auch recht gut bezahlt. Sie hätte sich in einer gesicherten Lebenssituation befinden können, wäre da nicht das Ja-aber-Problem gewesen, das ihre Mitmenschen mit ihr hatten.

In unserer ersten Sitzung redete die große, korpulente Frau in strenger Kleidung von all den Ärzten, Physiotherapeuten und Beratern, die sie bereits verschlissen hatte. Sie wertete mich und unsere beginnende Arbeit folglich auch gleich mit den Worten ab: »Sie werden auch nichts Besseres wissen als die anderen, also verschwende ich hier wahrscheinlich nur meine Zeit.«

Mein Verdacht bestätigte sich, dass ich in ihrem Umfeld der einzige Therapeut war, der noch für einen Versuch zur Verfügung stand, weil ich neu in Darmstadt war. Mich reizte dieser Fall, und ich wollte ihr wirklich helfen. Im Inneren war sie eine zutiefst verzweifelte Frau. Meine Klientin schilderte mir die Situation an ihren verschiedenen Arbeitsplätzen. Es kristallisierte sich heraus, dass sie immer, wenn Neuerungen und Veränderungen anstanden, waren sie auch nur geringster Art, in die Ja-aber-Blockade ging. Innerhalb einer Viertelstunde sammelten wir die folgenden Ja-aber-Formulierungen:

Ja, aber die haben keine Ahnung.
Ja, aber wer weiß, wo das hinführt?
Ja, aber nachher wird es nicht besser.
Ja, aber das kann ich mir nicht leisten.
Ja, aber das klappt doch nie.
Ja, aber die anderen.
Ja, aber jetzt geht das noch nicht, weil …
Ja, aber ich habe dafür keine Zeit.
Ja, aber es lohnt sich nicht.
Ja, aber das muss ich erst verdienen.
Ja, aber das kriege ich nie.
Ja, aber mir passiert das nie.
Ja, aber ich habe sowieso keine Chance.
Ja, aber ich werde sowieso immer nur verletzt.
Ja, aber was werden die anderen sagen?
Ja, aber es reicht nicht.
Ja, aber was, wenn ich versage?
Ja, aber was, wenn mir keiner glaubt?

Ein unglaublicher, wahrscheinlich ungebrochener Rekord an Ja-aber-Aussagen! Wie sollten wir bei einer solchen Übermacht verfahren? Meine Klientin und ich entschieden uns für den Weg der Aufstellungsarbeit. Zwei meiner Mitarbeiter waren bereit, sich zur Verfügung zu stellen. Einen von ihnen benannte sie als sich selbst, den anderen als ihr Ja-aber. Wir setzten uns an den Rand und überließen beiden Stellvertretern den Raum.

Es stellte sich heraus, dass ihr Ja-aber ein Anteil ihres inneren Kindes war, das Angst vor Veränderungen hatte. Ihr Vater war Erfinder gewesen. Jähzornig und sprunghaft, wie er war, ging ihm nie etwas schnell genug. Frau F. wurde als Kind mit ständig wechselnden Situationen überfordert. Wenn sie sich hinter einer (scheinbaren) Tätigkeit verbarg, musste sie nicht sofort aufspringen und den Ideen des Vaters Folge leisten. Das Ja-aber half ihr, Zeit zu gewinnen und eine Veränderung aufzuschieben. Was ihr in der Kindheit manches Mal genützt hatte, behinderte nun ihr gesamtes Erwachsenenleben.

Frau F. lebte isoliert und ohne beruflichen Erfolg vor sich hin, obwohl sie gut eingebunden und versorgt hätte sein können. In der Aufstellung wechselte ich Frau F. mit ihrer Stellvertreterin aus und ließ sie zu ihrem Ja-aber sagen:»Du bist das überforderte Kind, das ich einmal war. Ich spüre deine Verwirrung und deine Einsamkeit. Ich bin jetzt groß und erwachsen und habe die Welt kennengelernt. Jetzt lerne ich, für dich zu sorgen. Du darfst jetzt nur noch ein Kind sein, und ich schaffe uns den Raum, die Kindheit nachzuholen. Ich bin die Große. Ich gehe arbeiten und sorge jetzt gut für uns. Die Überforderung gebe ich zurück an den Vater. Sie gehört zu ihm, ich habe sie nur getragen all die Zeit. Jetzt darf ich neugierig sein auf Neues, und ich darf auch Nein sagen, wenn es mir zu schnell geht.«

Frau F. übte die neue Verhaltensweise nun in vielen Alltagssituationen. Sie erlaubte sich außerdem vieles, was sie in der Kindheit nicht gedurft hatte. So wurde sie mit der Zeit entspannter und lockerer im Umgang mit Veränderungen. Seit einiger Zeit arbeitete sie nun bereits als stellvertretende Pflegedienstleiterin in einem Altenpflegeheim und ist sehr zufrieden.

Hinter jedem Ja-aber verbirgt sich eine Verweigerung in irgendeiner Form. Wir können hinterfragen, ob die Verweigerung, die uns einmal geschützt hat, jetzt noch Sinn in unserem aktuellen Dasein macht. Ist das nicht so, können wir sie verabschieden und gegen eine neue Verhaltensweise austauschen. So beugen wir persönlichen Mangelzuständen wirksam vor.

Auflösung von Wenn-dann-Blockaden

Kennen Sie das auch? Sie haben Wünsche und Ziele. Sie stellen sich vor, wie diese in leuchtenden Farben am Horizont erscheinen – und plötzlich verdunkelt sich das Bild. Es wird von einem anderen Bild überlagert. Dieses Bild sagt:»Wenn du ... (schön, schuldenfrei, befördert, verheiratet etc. bist), dann bekommst du, was du willst.« Das heißt, es steht ein Wenn zwischen Ihnen und der Wunscherfüllung.

Wenn-dann-Bedingungen sind die häufigste Ursache dafür, dass wir unsere Ziele nicht erreichen. Sie wollen, dass sich das ändert?

Übung: Das Körperpendel

Dann stellen Sie sich einmal stabil mit beiden Füßen ohne Schuhe auf eine ebene Unterlage. Stellen Sie die Füße parallel.

Benutzen Sie nun Ihren Körper als Pendel. Stellen Sie eine Frage, und lassen Sie Ihren Körper ganz locker in Bewegung kommen. Lassen Sie es einfach geschehen. Beobachten Sie sich selbst dabei. Unterbrechen Sie die Eigendynamik Ihres Körpers nicht. Ihr Körper beantwortet Ihre Frage mit Ja oder Nein. Diese Antwort wird von Ihnen im vorliegenden Fall mental aus dem Unterbewusstsein abgefragt. Schwingen Sie vor und zurück, heißt das Ja. Schwingen Sie von links nach rechts, heißt das Nein. Macht Ihr Körper keine eindeutige Bewegung, haben Sie falsch gefragt. Versuchen Sie es mit einer klaren Fragestellung erneut.

Stellen Sie nur Fragen, die eindeutig mit Ja oder Nein beantwortet werden können. Sie können sich mit der Körperpendelmethode nun selbst fragen, von wem Sie diese Selbsteinschränkung in Form von Wenn-dann übernommen haben. Ist es der übervorsichtige Großvater, der erste Chef, die Partnerin, die Mama, die immer wollte, dass erst der Teller leer gegessen wird?

Wenn-dann-Bedingungen hängen immer mit einer gewissen Erpressung zusammen. (Wenn du aufgeräumt hast, darfst du fernsehen. Wenn du lieb bist, beachte ich dich. Wenn du Leistung zeigst, wirst du belohnt. Usw.)

Das Wenn-dann kommt von Personen, von denen wir in irgendeiner Form abhängig waren oder sind. Wer ein Wenn-dann ausspricht, besitzt in irgendeiner Form Macht in unserem Leben. Diese Macht wird benutzt, um uns zu einem Verhalten oder zu einer Tat zu veranlassen. Wir werden zu einem Tun bewegt, dass wir selbst nicht in Betracht gezogen hätten. Wir übernehmen das Programm und halten es fortan für unser eigenes. So geht das Spiel weiter. Es schadet uns und macht keinen Sinn. Wissen wir aber um dieses Spiel und wo es herkommt, können wir es zurück zum Ursprung geben und sind frei.

Verwenden Sie nun mit geschlossenen Augen Ihren Körper als Pendel und fragen Sie zu Ihrem Wenn-dann alle infrage kommenden Personen ab. Sie werden sicher bei einer oder mehreren Personen ein klares Ja mit Ihrem Körper auspendeln.

Packen Sie dieses Wenn-dann in ein Symbol und geben Sie es den betreffenden Personen im Geiste zurück. Tun Sie das in Achtung und Respekt für beide Seiten. Fragen Sie Ihr Körperpendel nun, ob noch etwas zwischen Ihnen und der sofortigen Erfüllung des Wunsches steht.

Kommt ein Nein, malen Sie sich Ihr Ziel noch einmal ungetrübt in den schönsten Farben aus. Freuen Sie sich schon jetzt über die Erreichung Ihres Ziels. Vergessen Sie nicht, in der Zwischenzeit für Ihr Ziel das zu tun, was Ihnen möglich ist. Lassen Sie nun los, und beschäftigen Sie sich mit etwas anderem. So hat Ihr Körper-Seele-Geist-System ungestört die Chance, an die Arbeit zu gehen. Diesmal ohne Einmischung und direkt.

Steht noch etwas oder jemand zwischen Ihnen und der Wunscherfüllung, fragen Sie so lange weiter, bis Sie herausgefunden haben, woher das Wenn-dann kommt. Vielleicht haben Sie es sich auch bei einer vertrauten Person abgeguckt und für sich übernommen. Beispiel: Ihr bester Freund kauft sich nur dann eine Fußballkarte, wenn er sein Arbeitssoll zu 100 Prozent erfüllt hat, oder Ihre Freundin gönnt sich nur dann einen Schlemmerabend, wenn sie vorher zwei Kilo abgenommen hat. Solche Beispiele gibt es viele, bestimmt auch welche in Ihrem Leben. Sind Sie fündig geworden, verfahren Sie wie oben beschrieben. Entfernen Sie nun konsequent jedes Wenn-dann aus Ihrem Leben, sobald Sie es entlarvt haben. Jetzt dürfen Sie Ihr erreichtes Ziel, sobald es sich zeigt, zur Tür hereinlassen und willkommen heißen.

Aus der Praxis:
Die Wenn-dann-Falle

Lotti und Carina waren Zwillingsschwestern. Sie hatten immer alles gemeinsam gemacht und sich aneinander festgehalten. Richtig zu leben hatten beide sich noch nicht getraut. Es gab viele Träume, die nicht in die Tat umgesetzt wurden waren. Auch beruflich waren beide als Steuerberaterin bzw. Rechtsanwältin nicht in ihrem vollen Potenzial. Sie dümpelten an der unteren Einkommensgrenze herum, trafen keine Entscheidungen und konnten somit auch ihre Freizeit nicht genießen.

Mit einem heftigen Burn-out, begleitet von depressiven Schwankungen, massiven Existenzängsten, Schlaf- und Essstörungen, begaben sie sich im Doppelpack zu mir in Behandlung. In der Erstanamnese fiel mir auf, dass beide Schwestern die gleiche Körpersprache hatten. Sie reckten sich im Sitzen auf, begannen einen Satz mit Wenn, und beim Dann sackten sie wieder mit trübem Blick in sich zusammen. Es war fast unheimlich, die beiden wie an unsichtbaren Fäden gezogene Marionetten mir gegenüber zu beobachten. Inhaltlich lief das Gespräch im Zickzackkurs, die Wenn-dann-Formulierungen erschienen in regelmäßigen Abständen.

Ich bat beide, die Augen zu schließen, tief in den Körper zu atmen, in die eigene Mitte zu kommen, eine Hand auf das Herz, die andere auf den Bauch zu legen und im Wechselrhythmus zu atmen, bis alle aktuellen Gedanken für diese Stunde unwichtig wurden. Dann bat ich sie, sich von den Wenn-dann-Bedingungen zum Ursprung des wohl sehr prägenden Wenn-dann-Erlebnisses führen zu lassen. Beide schrien fast gleichzeitig auf: »Der Papa!«

Carina erzählte:»Wir waren fünf Jahre alt, da haben unsere Eltern viel gestritten, und wir waren oft bei der Oma. Der Papa hatte eine Freundin, und die Mama stellte ihn vor die Entscheidung: entweder sie oder die Freundin. Der Papa wollte die Freundin behalten, aber uns nicht verlieren. Mama sagte: ›Wenn du jetzt gehst, dann schmeiße ich mich vor den Zug.‹ In derselben Nacht aber verunglückte der Papa mit seinem Freund bei einem Autounfall lebensgefährlich. Mama sagte: ›Ich werde ewig für dich da sein, wenn du nur wieder gesund wirst.‹ Nach drei Monaten wurde der Papa aus dem Krankenhaus entlassen, und wir waren wieder eine Familie.

Am Jahrestag von Papas Autounfall wollte er wieder mit seinem Freund im Auto eine Fahrt unternehmen. Mama sagte: ›Ich habe Angst, wenn du jetzt fährst, dass dann was passieren kann.‹ Papa sagte: ›Wenn es das erste Mal gut gegangen ist, dann kann jetzt auch nichts mehr passieren.‹ Er hatte es eilig und verabschiedete sich deshalb nicht von uns. Wir winkten uns noch zu. Mein Papa stieg in das Auto und verunglückte mit seinem Freund zusammen tödlich. Wir durften nicht mit auf die Beerdigung, und so konnten wir uns nicht einmal richtig verabschieden und realisieren, dass der Papa jetzt nicht mehr nach Hause kam. Mama ging arbeiten und war emotional nicht mehr erreichbar. Die Oma passte wieder auf uns auf, aber besonders Lotti wollte nie das Haus verlassen, weil sie noch lange darauf wartete, dass Papa irgendwann wieder gesund um die Ecke bog. Seitdem haben wir nur noch uns, und das hat bis jetzt auch geklappt. Nur ersticken wir uns jetzt gegenseitig, wir haben zu wenig Raum für unsere eigene Entfaltung.«

Im Verlauf der Gespräche, die wir einzeln und auch zusammen führten, erkannten beide Frauen, dass Trennung für sie eine abrupte Veränderung zum Schlechten bedeutete. Außerdem hatte sich tief in ihrem Unterbewusstsein die Verbindung von Wenn-dann zu Verlust, Trennung, Schmerz und Tod eingeprägt. Wir machten diverse Gestalt- und Körperübungen, bei denen die Zwillinge die Wenn-dann-Qualität anders einsetzen lernten. Nach einer bewussten Nachtrauerphase mit intensiven Auseinandersetzungen mit beiden Eltern sowie der Gesundung der Eltern-Kind-Beziehung waren beide Frauen körperlich und psychisch so weit erholt, dass sie wieder in die Zukunft blicken konnten. Ich riet ihnen, immer wenn sie in die Wenn-dann-Falle geraten sollten, das Wenn als Nahziel für etwas Schönes, das sie erreichen wollten, einzusetzen, und das Dann als Fernziel. So befreiten sie sich aus der Ohnmacht, und gingen hinein in die Handlungsfähigkeit.

Beide jungen Frauen zogen, wenn auch in derselben Stadt, in separate Wohnungen. Beruflich fanden beide eine Festanstellung und waren somit materiell sicher versorgt. Carina hatte mittlerweile einen Freund. Lotti trug sich mit dem Gedanken, sich auch einmal umzuschauen. Beide gaben sich nun einen Freiraum und klammerten sich nicht mehr aneinander, auch wenn es manchmal noch schwerfiel. Die Wenn-dann-Sätze bezeichneten nun endlich eine positive Aussage in ihrem Leben.

Das Wenn-dann hält uns oft gefangen und macht uns vollkommen handlungsunfähig. Wenn ist die Voraussetzung, Dann ist die umgesetzte Erfüllung des Ziels. Wer sich dessen bewusst ist, kommt ins Handeln.

Merke: Menschen mit Entscheidungsschwierigkeiten sollten immer drei Alternativen zur Auswahl haben und sich dann die beste wählen. Bei zwei Möglichkeiten hat man immer das Gefühl, bei einer Entscheidung 50 Prozent verloren zu haben. Nimmt man drei Möglichkeiten, kommt man in die Fähigkeit zu handeln. Nehmen Sie sich immer drei Möglichkeiten. Stellen Sie die Nr. 1 aufs Siegertreppchen, so haben sie das Gefühl, den Hauptgewinn zu ziehen. Das befreit Sie aus der Entscheidungsfalle.

Angst vor Menschen oder Situationen: Projektionen zurückgeben

Immer, wenn wir – meist schon im Vorfeld – Angst vor Menschen oder Situationen haben, kommt dies daher, dass wir eine ähnliche Situation, einen ähnlichen Menschen in unserem Gefühlsspeicher haben. Meist mit einer persönlichen Niederlage verknüpft.

Unter allen Umständen wollen wir das nie wieder erleben.

Das Leben hält aber weiterhin ähnliche Situationen und ähnliche Menschen parat, die uns daran erinnern, dass wir noch eine unfertige Baustelle mit uns herumtragen.

Gehen wir in die Vermeidung, schrumpft unser Aktionsfeld beträchtlich, Unfreiheit macht sich breit. Außerdem kommt meistens das, was wir unerledigt zur Hintertür hinauskehren, zur Vordertür wieder hinein.

Also, ran an den Speck mit folgender Übung! Es ist gar nicht so schwer.

Übung: »Ach, du bist's nur!«

Stellen Sie sich an einen sicheren Platz. Atmen Sie ein paar Mal tief in Ihren Bauch. Beim Einatmen hebt sich Ihr Bauch. Das Zwerchfell massiert dabei die inneren Organe, und es kehrt Ruhe im Bauch ein. Machen Sie nun in Ihrem eigenen Rhythmus jeweils nach dem Ein- und Ausatmen eine kleine Atempause. Legen Sie Ihre Zunge dabei an den Gaumen. So schließen Sie Ihren Energiekreislauf und erhöhen beim Atmen Ihren Energiepegel.

Schließen Sie nun die Augen und stelle Sie sich die Situation oder die Person vor, die Ihnen Angst macht, die Sie davon abhält, in Ihrer Kraft zu sein, Sie beeinträchtigt. Fragen Sie sich: »Wer kann es noch sein, wenn es nicht … (mein Chef, der Fahrstuhl, die zu haltende Rede etc.) ist?« Sofort kommt hierzu eine Information bei Ihnen an. Werte Sie diese Information nicht, stelle Sie sie nicht infrage. Nehmen Sie sie so, wie sie ist. In dieser Information liegt immer der Auslöser Ihrer Angst. Der Auslöser Ihrer Angst, über den Sie auch danach folgende Situationen in Ihrem Leben bewertet haben, liegt nun vor Ihnen: der Horrorfilm, der strenge Vater, die überfordernde Lehrerin etc. Gehen Sie nun mit dieser Information innerlich in Ihre akute Angstsituation.

Sagen Sie jetzt laut zu der damit verknüpften Situation, der damit verknüpften Person: »Du bist nicht … (s. o.), du bist nur mein Chef, der Fahrstuhl etc.«, und zeigen Sie auf die Auslösesituation. Sagen Sie laut: »Mein Problem damit löse ich dann, wenn ich will! Das hat nichts mit dir zu tun, du bist nur …« Sie werden sehen, auf einmal ist Ihre Angst verschwunden, weil Sie die Verknüpfung, das heißt die Projektion einer alten Situation auf eine neue Situation, aufgelöst haben.

Vielleicht haben Sie noch ein wenig Bammel vor der ehemaligen Angstsituation. Graben Sie nun in Ihrem Koffer der Bodenschätze, das heißt in allen positiven, stärkender Erfahrungen, die Sie in Ihrem Leben eingesammelt und mitgenommen haben. Sie werden bestimmt eine Situation finden, wo sie ganz souverän im Leben standen, und sei es nur für einen kurzen Moment. Rufen Sie nun diese Situation auf, und ankern Sie sie, und zwar, indem Sie sich mit allen Sinnen noch einmal hineinbegeben und dazu ein Geräusch, eine Bewegung machen. Über dieses Geräusch, diese Bewegung können Sie diese guten Gefühle wieder abrufen, wann immer Sie wollen.

Stellen Sie sich wieder Ihrer Angstsituation gegenüber, die Sie jetzt meistern wollen, wiederholen Sie den oben genannten Text, und rufen Sie Ihren Anker ab. Sie sind jetzt in der Lage, ihre Situation objektiv und entschärft zu betrachten und sinnvoll zu handeln.

Zu meinem Tagesablauf und auch dem meiner Klienten und Freunde gehört die obige Übung dazu wie das Atmen. Sie darf ab jetzt auch Ihr ständiger Begleiter sein, und Sie setzen eine »Angstbrille« nach der anderen ab, die Sie gehindert hat, entspannt mit dem Leben und den Mitmenschen umzugehen.

Die folgende Torero-Übung hilft Ihnen kraftvoll, sich zu reinigen und zu ermächtigen. Lassen Sie den Stier ins Leere laufen!

Die Torero-Übung: Von der Arbeit mit Angstgegnern

Stellen Sie sich vor, Sie sind ein Torero in einem prächtigen Kostüm in einer großen Arena mit vielen Zuschauern, die nur auf ein Drama lauern. Sie sind Pazifist, Sie glauben an das Gute. Sie wollen keinen verletzen. Sie haben große Angst, die Sie noch nicht in Furcht gewandelt haben. Sie haben keine Waffen dabei.

Alle Zuschauer kommen gern immer wieder, wenn Sie in der Arena sind. Warum? Alle sind froh, wenn ein anderer das Drama erlebt und sie selbst noch mal gut davongekommen sind. Das ist menschlich, wenn auch nicht nett.

Was geschieht nun mit Ihnen als Torero in dieser Situation in der Arena? Sie werden regelmäßig vom wilden Stier überrannt, nach dem Motto: Angriff ist die beste Verteidigung! Die meisten Zuschauer sympathisieren mit dem Stier. Der wirkt stärker als Sie. Deshalb übertragen viele Zuschauer ihre eigenen Aggressionen auf den Stier. Der wird so immer wilder und bedrohlicher.

Sie als hilfloser Torero, der sich regelmäßig verletzen lässt und nichts ändert, repräsentieren den kollektiven Schatten, die unerlöste Hilflosigkeit der Zuschauer. Die will keiner haben, die soll weg! Sie selbst haben wenige, die mit Ihnen fühlen ... was stellen Sie sich auch so an? Weil Sie sich so schwach und ängstlich geben, stellen Sie sich für das Kollektiv zur Verfügung. Mobbing entsteht so.

Wir ändern das jetzt, wenn Sie wollen:

Gehen Sie wieder in die Arena. Atmen Sie vorher die Farbe, die bei Ihnen für Mut und Selbstvertrauen steht, tief in jede Zelle Ihres Körpers hinein. Atmen Sie nun himmelblaue Farbe in Ihre gesamte Aura, auch an Rücken und Kopf. Himmelblau schützt unsere Erde und macht »unverwundbar«. Himmelblau lässt heraus, was Sie herauslassen wollen. Himmelblau lässt nur herein, was Ihnen guttut. Alles andere geht sofort zurück zum Absender, ganz von selbst. So macht das die Erde auch, und Sie sind ein Erdenkind.

Bestellen Sie nun für Ihren Einzug in die Arena Ihre Lieblingsmusik. Schön laut. Sehr gut! Nehmen Sie sich nun ein großes flatterndes rotes Tuch an einer Querstange. Versehen Sie es mit Ihrem persönlichen Emblem. Wenn der wilde Stier kommt, können Sie dieses Tuch vor sich halten oder seitlich neben sich. Ich empfehle Ihnen die zweite Variante, wenn Sie etwas ändern wollen.

Marschieren Sie so ausgestattet selbstbewusst in die Mitte der Arena. Atmen Sie tief ein und aus. Sehen Sie den Zuschauern der Reihe nach in die Augen. Atmen Sie weiter. Sagen Sie:»Ich bin für den gerechten Ausgleich! Ich bin jetzt hier angetreten. Schickt die Stiere herein!« Oh, sie werden viele von diesen Stieren bereits beim Namen kennen. Gut so. Denken Sie an Himmelblau und an Ihre Unverwundbarkeit. Hängen Sie nun genüsslich und lässig Ihr rotes Tuch links oder rechts von Ihnen hinaus, je nachdem, wo der jeweilige wilde Stier herkommt.

Lassen Sie alle Stiere ins Leere laufen.

Die werden ihre Energie anderswo austoben, nicht mehr an Ihnen. Sie stellen sich nicht mehr zur Verfügung. Das macht Sie selbstsicher. Sie können sich selbst und Ihre sicheren Grenzen gut spüren. Sie haben sich aus der Ohnmacht selbst ermächtigt. Das fordert auch dem Publikum hohen Respekt ab.

Sind alle Stiere weg aus der Arena, verbeugen Sie sich als Sieger vor dem Publikum. Sie bekommen rauschenden Applaus. Wunderbar und wahr. Genießen Sie die Aufmerksamkeit.

In Zukunft werden die Zuschauer und auch Sie selbst aus anderen Gründen in die Arena kommen. Viele wollen jetzt wissen, wie Sie das gemacht haben, vom Verlierer zum Sieger zu werden. Sie sind als Coach vollkommen ausgebucht und brauchen sich um Ihre Zukunft keine Sorgen mehr zu machen.

Glückwunsch zur Selbstermächtigung! Sie haben Ihre Angst in Furcht umgewandelt und gesiegt.

Nachtrag

Alle erfolgreichen Menschen benutzen ihre Kreativität und Fantasie, um Probleme zu entschärfen, einmal anders zu betrachten und auf diesem Weg zu lösen. Andere Menschen benutzen ihre Kreativität und Fantasie, um neidisch zu sein, sich innerlich zu rechtfertigen oder zu rächen. Dieses Vorgehen ist verständlich, senkt aber die Eigenschwingung dieser Menschen. Sie werden vom »Feingeist« zum »Grobgeist« und sind so ein Sammelplatz negativer Energien und unguter Ereignisse.

Begegnen diese »Grobgeister« einem »Himmelblauen«, kommt alles Negative, das sie ausgesendet haben, direkt und mit Wucht zu ihnen zurück. Wenn Sie sich manchmal wie ein »Grobgeist« verhalten, können Sie das jederzeit ändern. Ich glaube fest an den »Feingeist« in Ihnen und weiß, dass Sie alles schaffen, was Sie wirklich wollen!

Altes Leben – neues Leben

Sie haben beim Lesen so manche Erkenntnis gewonnen, so manche Übung durchgeführt und ihre Wirkung gespürt. Diesen Erfolg sollten Sie sichern. Dazu gehört, dass Sie gute Grenzen setzen und die Menschen aus Ihrem Leben aussortieren, die Ihnen nicht guttun oder die Sie in Rückfallgefahr bringen.

Sie brauchen kein schlechtes Gewissen zu haben. Es ist Ihr Recht, sich neuen Horizonten zu öffnen. Da passen manche Weggefährten aus dem alten Leben nicht mehr dazu. Für beide Seiten werden sich neue Mitwanderer auf dem Weg finden, das ist immer so. Wir gehen nie allein, auch wenn uns das manchmal so vorkommt.

Übung: Wer gehört zu Ihrem neuen Leben und wer nicht?

Nehmen Sie sich Papier und Stifte. Malen Sie in der Mitte des Papiers einen Kreis. Schreiben Sie Ihren Namen hinein und »Ich bin ich«. Ziehen Sie darum einen weiteren Kreis (innerer Kreis). Ziehen Sie um alles noch einen Kreis (äußerer Kreis). Schließen Sie nun die Augen, und atmen Sie ein paar Mal tief durch. Nehmen Sie jetzt die Körperhaltung an, die Ihnen Selbstbewusstsein gibt. Gehen Sie Begegnungen und Momente der letzten Wochen im Geiste durch:
Kategorie A: Welche haben Ihnen gutgetan, Sie bestätigt?
Kategorie B: Welche haben Sie in Ihre alten Muster gezogen?
Merken Sie sich alle Personen, und öffnen Sie die Augen.

Sie sehen vor sich das Blatt Papier, in dessen Mitte Ihr Name und »Ich bin ich« steht. Das ist Ihr Lebensterritorium im übertragenen Sinne. In den inneren Kreis schreiben Sie alle Personen der Kategorie A. In den äußeren Kreis schreiben Sie alle Personen der Kategorie B. Falls irgendwelche Personen bei Ihnen »verspielt« haben, lassen Sie sie gleich weg.

Betrachten Sie nun Ihr Blatt Papier. Wie fühlen Sie sich? Wenn Ihnen irgendetwas noch nicht gefällt, ändern Sie es. Sie haben gerade Ihr Leben sortiert und Grenzen gesetzt – bravo! Hängen Sie sich den Zettel an einen Ort, wo Sie Ihn als visuellen Anker häufig sehen, oder nehmen Sie ihn überallhin mit.

Halten Sie sich an Ihre Sortierung. Suchen Sie den Umgang mit Personen Ihres inneren Kreises (Kategorie A). Lassen Sie mehr von diesen Personen und Situationen dazukommen. Meiden Sie mehr und mehr Personen der zweiten Kategorie (B) – dazu gehören auch Schmeichler, die Sie ausnutzen wollen, aber nichts geben. Seien Sie es sich wert, möglichst nur noch mit Menschen der Kategorie A in einer förderlichen Umgebung zu verkehren. Kategorie B darf sich aus Ihrem Leben verabschieden.

Es schadet nicht, mit Personen der Kategorie B an guten Tagen die eigenen Grenzen zu testen und zu überprüfen – und diese notfalls zu versetzen oder zu verstärken. Nur Mut, Sie werden sich stetig verbessern!

Es sind in Ihrer Umgebung immer genügend Menschen der Kategorie A anzutreffen. Vielleicht haben Sie sie bisher nur nicht erkannt. Wenn Sie in Ihrem Umfeld in Kategorie A tatsächlich nicht fündig werden, wechseln Sie das Umfeld. Es geht schließlich um Ihr Leben. Sorgen Sie immer besser für sich, und bauen Sie stetig ein tragfähiges soziales Netzwerk auf. In diesem Netzwerk gibt es immer genug Möglichkeiten, gegenseitige Unterstützung und Ideen, um jeder Lebenssituation zu begegnen und sie zum Guten zu wenden. Mit Freunden, Bekannten und Kollegen der Kategorie A haben Sie viel mehr Mut, Situationen so zu verändern, bis sie für Sie richtig sind. Sie sind geschützt und sicher.

Jeder Mensch ist immer in der Lage, sich ein Netzwerk mit Menschen der Kategorie A aufzubauen. Alles andere sind Selbsttäuschungen, die dem Zweck dienen, sich nicht zu verändern, warum auch immer.

Übung: Bestandsaufnahme

Um zu wissen, wo wir uns gerade in Beziehung zu etwas befinden, sollten wir für unsere innere Navigation immer wieder einmal innehalten und eine Bestandsaufnahme machen. So erfahren wir, ob sich unser inneres Bild mit den äußeren Gegebenheiten deckt, oder ob wir bereits vom angepeilten Weg abgekommen sind. Aber auch Letzteres ist kein Problem, denn die Bestandsaufnahme ermöglicht uns, den persönlichen Kurs zu korrigieren.

Nehmen Sie sich mehrere Blätter Papier, Farb- und Schreibstifte. Suchen Sie sich einen sicheren Platz, und bringen Sie etwa eine dreiviertel Stunde Zeit mit.

Schließen Sie die Augen, und atmen Sie ein paar Mal tief durch. Gehen Sie in Ihrer Vorstellung noch einmal an den Ort, an dem Sie dieses Buch erworben haben. Wie fühlen Sie sich? Was veranlasste Sie, sich das Buch »Materielle Selbstermächtigung« auszusuchen, oder haben Sie es geschenkt bekommen und warum?

Betrachten Sie sich einmal von außen. Welche Körperhaltung haben Sie, wie ist Ihr Gesichtsausdruck? Welche Gedanken haben Sie, was erhoffen Sie sich von dem Buch?

Atmen Sie wieder tief ein, und öffnen Sie die Augen. Malen Sie sich selbst auf, wie Sie sich in der beschriebenen Situation sehen. (Es geht nicht um Schönheit und korrekte Maße, und Sie bekommen keine Note dafür.) Wenn das Bild fertig ist – wie immer es auch gestaltet ist – treten Sie einen Schritt zurück und lassen es auf sich wirken.

Tun Sie nun so, als seien Sie ein Besucher der Ausstellung, in der Ihr Bild hängt. Sie sehen es völlig unbefangen an. Wie ist Ihr Eindruck? Was ist die Aussage? Welche Stimmung und welche Impulse erzeugt es in Ihnen? Notieren Sie sich Ihre Eindrücke genau! Gehen Sie nun einer kleinen Alltagstätigkeit von ca. drei Minuten nach.

Jetzt atmen Sie wieder tief ein und wiederholen dieselbe Übung mit dem Menschen in der Hauptrolle, der Sie jetzt, nach dem Lesen und Durcharbeiten einiger der Übungen aus dem Buch, sind. Malen und notieren Sie wieder, wie zuvor auch. Verrichten Sie nun wieder eine Alltagstätigkeit von ca. drei Minuten.

Wiederholen Sie die Übung, wie in der Anleitung beschrieben, ein drittes Mal. Nehmen Sie diesmal den Menschen, der Sie in einem Jahr sein werden, für Ihr drittes Bild und Ihre dritte Liste.

Beenden Sie Ihre Übung, und legen Sie die entstandenen Bilder zur Seite. Lassen Sie alles in Ihrem Unterbewusstsein wirken.

Ein bis zwei Tage und (geträumte) Nächte später holen Sie das Übungsmaterial hervor und vergleichen es.

Was hat sich verändert? Wie hat es sich verändert? Wie schätzen Sie Ihre Zukunft ein?

Machen Sie eine kleine Pause, und beantworten Sie sich folgende Fragen: Wo stehe ich jetzt? Was will ich nicht mehr? Wo will ich hin? Habe ich die Werkzeuge dazu? Welche Werkzeuge benötige ich noch? Wo bekomme ich die her? Was muss ich dafür einsetzen? Was kann ich, was will ich? Mein Wille zum Erfolg (mein Biss)? Wie motiviere ich mich und festige das Erreichte? Haben ich ein Ziel hinter dem Ziel? Wer bin ich jetzt?

Wenn Sie noch eigene Fragen haben, fügen Sie sie hinzu.

So, das war eine anschauliche, gründliche Bestandsaufnahme. Schön, dass Sie so ehrlich mit sich umgegangen sind.

Sie haben sich bereits enorm verändert, weil dieses Buch Ihren Blickwinkel verändert hat. Vieles wurde Ihnen beim Lesen bestätigt, und neue Türen haben sich geöffnet. Andere Türen konnten Sie endlich schließen. Ressourcen haben sich aufgetan, und Sie haben viele dunkle Ecken aufgeräumt. Die Übungen in diesem Buch haben Sie ermächtigt, einiges in Ihrem Leben zum Guten zu wenden und zu erhellen.

Gefallen Sie sich auf dem Bild, das Sie selbst in der Zukunft darstellt, noch nicht so ganz, üben Sie weiter, und fügen Sie die Ressourcen in Ihr Leben ein, die Sie noch benötigen. Ich weiß, dass Sie es schaffen, deshalb habe ich dieses Buch geschrieben. Auf diese

Weise können nicht nur die Menschen in meiner Praxis üben. Ich freue mich, wenn wir uns eines Tages sehen und Sie mir erzählen, wie es weitergegangen ist.

Mehr Potenzial:
Die Erhöhung der Eigenschwingung

Nachweislich hat die höchste Energie, was am höchsten schwingt und sich durch Licht ernährt. Auch in unserer Nahrung bestimmt der Lichtfaktor, wie viel Energie sie uns gibt. Dies ist wissenschaftlich untersucht und belegt. Mehr dazu in meinem Buch »Zarte Seele, dicker Bauch« (in Arbeit, erscheint 2013).

Alle Praktiken, die sich mit der Erhöhung der individuellen Schwingungsebene befassen, seien das nun Meditation, Yoga, Singen, Atmen, Sport etc., sind bestens dazu geeignet, Sie aus einem »Schwingungsloch« zu befreien. Sie sollten sie regelmäßig anwenden, um gar nicht erst in eines zu geraten.

Niedrige Schwingung zieht uns im wahrsten Sinne des Wortes nieder. Sie macht uns lahm und ideenlos. Wo niedrige, dunkle Schwingung herrscht, kommt mehr dazu. Das hat sie so an sich. Hohe, lichte Schwingung hingegen beflügelt uns, macht uns gesund, ideenreich, kraftvoll und frei.

Hierzu habe ich auch ein Programm entwickelt und aufgenommen, das ich in meiner Praxis anwende. Die dazugehörige CD »Lichtmeditation« können Sie, um gesund zu werden und zu bleiben, zwischendurch entspannt hören. Beim Hören erhöht sich Ihre Schwingung ganz von selbst.

In der folgenden Meditation verwende ich die Du-Anrede, weil diese einen besseren Zugang zum Unterbewusstsein bietet.

Geführte Meditation »Lichtnahrung«

Lichtmeditation zur Selbstheilung. Wir sind Licht, wir bestehen aus Licht, wir ernähren uns durch Licht, und wir heilen uns durch Licht. Das ist wissenschaftlich auch erwiesen, und Licht ist diese universelle, man kann auch sagen göttliche, große Heilkraft.

Wir sind Lichtwesen. Und ich möchte mit dir heute eine Lichtnahrung aufbauen, mit der du all deine Zellen, deinen ganzen Körper nähren kannst, heilen kannst, denn nur du kannst dich kraft deines freien Willens heilen, wenn du das wirklich willst.

Licht ist lebendes Wasser und hat eine enorme Heilkraft. Nimm dir genügend Zeit. Stelle alles ab, jedes Telefon, alles, was dich stören kann, mach es dir ganz gemütlich. Lege dich hin, decke dich gut zu, und stelle sicher, dass dich niemand stört.

Und du wirst dir jetzt ein strahlend weißes, flüssiges Licht vorstellen, das in verschiedene Teile deines Körpers, auch in deine Energiezentren fließt, besonders in die Körperteile, die der Heilung bedürfen. Du kannst dieses Licht auch zu deinen Gefühlen schicken. Und wichtig ist, dass du dieses strahlend weiße, flüssige Licht nicht nur in die erkrankten Körperteile, sondern in alle Bereiche deines Körpers, in die Energiezentren lenkst, weil deine Heilung nicht nur vom Zustand eines Körperteils, sondern vom allgemeinen Zustand deines Körpers und der Energiezentren abhängt.

Erwarte keine Wunder, obwohl sie manchmal eintreten können. Es dauert eine Weile, bis vielleicht eine wesentliche oder vollständige Heilung deines Selbst einsetzt, du bestimmst den Zeitpunkt. Und auch wenn dir ein Organ oder ein Körperteil fehlen sollte, du sagst, da kann ich ja gar kein Licht hinschicken – natürlich kannst du das! Als Lichtwesen, die wir sind, sind wir vollkommen. Und es ist alles an seinem Platz.

Jetzt schließe die Augen, lege deine Zunge an deinen Gaumen, und atme ein paarmal tief ein … und ganz tief aus … und ein … und noch viel tiefer aus … Und lasse alles los, was dich jetzt anspannt oder belastet, lasse alle Gedanken weiterziehen wie Wolken am Himmel. Wenn du sie nachher noch brauchst, kannst du sie dir einfach wieder holen.

Atme tief aus … Und damit du ganz geschützt bist jetzt und ganz mit dir geborgen und in Sicherheit, werden wir um einen Segen bitten. Du kannst mit mir innerlich den folgenden Segen sprechen. Du kannst es auch formulieren, wie du das selbst haben willst.

Höchstes, göttliches Sein, universelle Energie und all ihr großen Wesen, ich danke euch für euren Segen. Ich danke euch für Heilung, Führung, Hilfe und Schutz. Ich danke euch in vollem Vertrauen. So sei es.

Stelle dir nun ein strahlend weißes, flüssiges Licht vor, das alle Regenbogenfarben wie ein Prismakristall in sich vereint. Stelle dir dieses strahlend weiße, flüssige Licht vor über deinem Scheitelenergiezentrum, deinem Kronenchakra. Das strahlend weiße, flüssige Licht tritt durch dein Scheitelenergiezentrum ein in deinen Körper, fließt durch deinen Kopf, alle Zellen deines Kopfes, fließt jetzt durch deinen Rumpf, deine Arme, deine Beine. Es fließt von oben in deinen Kopf und Körper herein und durch deine Hände und Füße wieder hinaus.

Stelle dir vor, wie dieses strahlend helle, weiße, heilende, flüssige Licht in dein Gehirn fließt, in die rechte, in die linke Gehirnhälfte, nach vorn, nach hinten und tief in das Gehirn hinein bis in die Mitte. Und sage im Stillen zu dir: Mein ganzes Gehirn leuchtet hell und ist gesund. Und dann spüre, wie dieses wunderbare, weiße, heilende Licht in deine Hirndrüsen und Nerven fließt und diese füllt in deinem ganzen Körper. Und sage im Stillen: Meine Hirndrüsen und Nerven, alle Nerven meines Körpers sind mit heilendem Licht und strahlendem Leben erfüllt.

Und atme tief ein und aus, lasse alle Nebengedanken jetzt fließen und los und weiterziehen wie Wolken am Himmel. Und jetzt fühle, wie dieses strahlend helle, flüssige, weiße, heilende Licht in deine Augen, deine Nase, deine Ohren, deinen Gaumen, in dein Zahnfleisch und in deinen Mund fließt. Alle diese Körperteile sind gesund. Hole dir die Gesundheit ins Hier und Jetzt. Und sage im Stillen: Meine Augen, meine Nase, meine Ohren, mein Gaumen, mein Zahnfleisch und mein Mund sind mit Licht und Leben gefüllt. Sie leuchten strahlend hell und sind gesund.

Nun lasse das strahlend helle, flüssige, heilende Licht in deinen Kiefer, den Oberkiefer, den Unterkiefer, in deinen Hals und alle Organe deines Halses, auch hin zu deiner Stimme, deiner Schilddrüse und in deinen Nacken, der oft so viel trägt, fließen – in alle Zellen. Alle diese Körperteile sind mit strahlend weißem, flüssigem Licht gefüllt. Sage im Stillen: Meine Kiefer, mein Hals und mein Nacken sind jetzt gesund.

Lasse das strahlend weiße, flüssige, heilende Licht in deine Wirbelsäule fließen, von oben nach unten durch die ganze Wirbelsäule.

Sie ist ganz mit dem heilenden Licht gefüllt. Und du spürst die Kraft dieses heilenden Lichtes. Deine Wirbelsäule wird heller und heller. Sie wird beweglicher und elastischer.

Lasse das heilende, strahlend weiße, leuchtende Licht jetzt auch in deine Wirbelsäule fließen, von oben nach unten, lasse dieses Licht sich in deiner Wirbelsäule ausbreiten. Sie ist ganz mit dem heilenden Licht gefüllt. Deine ganze Wirbelsäule wird heller und strahlender. Sie wird immer beweglicher und elastischer. Sage zu dir selbst: Meine ganze Wirbelsäule ist mit strahlend weißem, flüssigem Licht gefüllt. Besonders der untere Bereich und das Steißbein. Meine Wirbelsäule leuchtet hell und ist vollkommen gesund.

Lasse nun das strahlend helle, weiße, heilende Licht, das dich nährt und heilt, in deine Lungen fließen, in alle Flügel deiner Lunge. Sage dir im Stillen: Meine Lunge ist mit strahlend weißem, flüssigem Licht gefüllt. Meine ganze Lunge ist hell erleuchtet und gesund, sie ist mit Licht und mit Leben gefüllt. Meine Lunge ist vollständig mit göttlicher Heilenergie gefüllt.

Lasse das heilende Licht nun in dein Herz und in deine Thymusdrüse hinter dem Brustbein fließen. Und sage im Stillen: Mein Herz und meine Thymusdrüse sind mit strahlend weißem, flüssigem Licht gefüllt. Beide leuchten hell und sind vollkommen gesund.

Lasse nun das heilende, weiße, strahlende Licht in deinen ganzen Brustraum fließen, auch in deine Brüste. Sie sind mit göttlicher Heilenergie gefüllt. Sage im Stillen: Mein Brustraum leuchtet hell und ist gesund. Meine Brust leuchtet hell und ist gesund.

Dann lasse das strahlend weiße, heilende, kosmische Licht, das dich am Leben hält, das unendlich ist so wie du auch, in deine

Leber, deine Gallenblase fließen. Und alles Verhärtete, alle Gedanken, alle Gefühle, die sich dort gestaut haben, lösen sich einfach in diesem weißen Licht auf. Deine Leber und deine Gallenblase unter deiner rechten unteren Rippe sind jetzt mit strahlend weißem, flüssigem Licht gefüllt. Sage im Stillen: Meine Leber und meine Gallenblase lassen los, leuchten hell und sind vollkommen gesund. Lasse nun dieses heilende, strahlend weiße, flüssige Lebenslicht in deine Milz fließen, die sich unter der linken unteren Rippe befindet. Deine Milz ist jetzt erfüllt mit strahlend weißem, flüssigem Licht. Sage im Stillen: Meine Milz leuchtet hell und ist vollkommen gesund und voller Energie.

Jetzt lasse das strahlend weiße, heilende Licht fließen in alle Zellen deines Magens, deiner Bauchspeicheldrüse, in alle Zellen deines Dünndarms und deines Dickdarms. Alle diese Organe sind strahlend mit diesem weißen, heilenden Licht gefüllt. Sage zu dir: Mein Magen, meine Bauchspeicheldrüse und mein Dünndarm und mein Dickdarm leuchten jetzt hell und sind vollkommen gesund.

Dann lasse dieses strahlend weiße, heilende Licht in deine Nieren und in deine Nebennieren, die über den Nieren sitzen, fließen. Und du lässt alle Ängste, allen Stress sich einfach auflösen in diesem heilenden, strahlend weißen Licht. All diese Organe sind jetzt mit strahlend weißem, flüssigem Licht gefüllt, das alle Blockaden auflöst, dir neue Kraft und neuen Mut gibt und das Gefühl, loslassen zu dürfen, frei zu sein von allen Ängsten. Sage dir: Meine Nieren und Nebennieren sind stark und gesund, gefüllt mit Leben, mit meinem Leben. Dann lasse dieses wunderbare, heilende, lebendige Licht jetzt auch in deine Geschlechtsorgane, in deinen Beckenboden und in deine

Harnblase fließen. Sie sind jetzt auch gefüllt mit strahlend weißem, flüssigem Licht, das jede Zelle nährt und heilt. Sage im Stillen: Meine Geschlechtsorgane, mein Beckenboden, meine Blase leuchten hell und strahlend, sind stark und gesund.

Und jetzt gehe mit deiner Aufmerksamkeit wieder etwas höher in deinen Körper, und schicke das Licht in deine Schultern, die so viel tragen. Lasse dieses heilende, lockernde, gesundende Licht in deine Schultern fließen und sie ganz erfüllt sein. Und sage im Stillen: Meine Schultern sind jetzt vollkommen entspannt und mit heilendem, stärkendem Licht gefüllt.

Und nun stelle dir deine Arme vor, die den ganzen Tag für dich handeln, geben, nehmen, Kontakte schließen, dich fühlen lassen, und auch deine hochsensiblen Hände mit ihren vielen Nerven. Und stelle dir vor, wie dieses heilende, strahlende, kosmische Licht in deine Arme fließt, in jede Zelle deiner Arme, links und rechts. Deine Arme sind jetzt gefüllt mit strahlend weißem, flüssigem Licht. Sie sind links und rechts hell erleuchtet und vollkommen gesund. Deine Achselhöhlen, Ellbogen, Handgelenke, Hände und Finger sind mit strahlendem, weißem, flüssigem Licht gefüllt. Sage zu dir selbst: Meine Arme, meine Achselhöhlen, meine Ellbogen, Handgelenke, Hände und Finger leuchten hell und sind vollkommen gesund.

Und nun gehst du mit deiner Aufmerksamkeit wieder ans Ende deiner Wirbelsäule, vom Becken hin zu deinen Beinen, die dich tragen, die in die Richtung gehen, die du einschlägst, und die dich fest auf dem Boden stehen lassen, dir den Kontakt zur Erde ermöglichen. Und stelle dir nun vor, wie dieses strahlend weiße, heilende, flüssige Licht in dein linkes, in dein rechtes Bein fließt. Deine beiden Beine sind jetzt mit strahlend weißem, flüssigem, heilendem Licht gefüllt. Nähre deine Beine mit diesem Licht. Sie sind mit Licht gefüllt und voller Energie.

Deine Hüften, deine Knie, deine Fußgelenke und deine Füße sind mit strahlendem, weißem, flüssigem Licht jetzt gefüllt. Sage im Stillen: Meine Beine, meine Hüften, meine Knie, meine Fußgelenke und meine Füße sind gesund und stark. Und ich gehe meinen Weg.

Lasse nun dieses strahlend weiße, heilende, flüssige Licht immer feiner werden, so fein, dass es in jede Zelle deines Körpers und jede Zelle deines Blutes fließt. Alle deine Körperzellen sind mit strahlend weißem, flüssigem, heilendem Licht gefüllt. Sage im Stillen: Jede Zelle meines Körpers, jede Zelle meines Blutes ist jetzt vollkommen gesund. Meine Körperzellen, meine Blutzellen sind jetzt mit den richtigen Informationen, mit Licht und Leben angefüllt.

Lasse nun dieses strahlend helle, weiße, flüssige Licht in alle deine Hormondrüsen fließen. Meine Hormondrüsen sind gesund, mein Stoffwechsel ist vollkommen gesund, und zu meinem Guten, für meine Gesundheit arbeiten sie harmonisch nach meinem Willen zusammen. Jedes Organ in meinem Körper ist gesund und mit Licht und Leben erfüllt.

Sprich ruhig leise oder laut mit mir jetzt folgenden Glaubenssatz: Mein ganzer Körper ist mit Licht angefüllt und voller Leben. Mein Körper ist stark und gesund. Ich bin vollkommen glücklich und mit Liebe und Leben erfüllt. So ist es jetzt, und so bleibt es.

Du hast ein Recht auf dein Leben, auf Gesundheit, einen heilen Körper, und kraft deines freien Willens darfst du dir das alles ins

Alle Angaben werden vertraulich behandelt.
* Der Newsletter kann jederzeit abbestellt werden.

Name/Vorname:

Straße:

PLZ, Ort:

Telefon:

E-Mail:

Geburtsdatum:

Bitte senden Sie mir:

☐ weitere Informationen aus dem Schirner Verlag
☐ den Schirner Newsletter (nur als E-Mail*)
☐ das SPIRIT live & Schirner Magazin

Diese Karte entnahm ich dem Buch:

Würden Sie dieses Buch weiterempfehlen?

Vielen Dank!

Erleuchtung
zum Frühstück

Antwort

Schirner Verlag
Elisabethenstr. 20 – 22
D-64283 Darmstadt

Das Porto
übernehmen
wir für Sie!

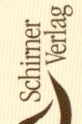

Hier und Jetzt holen. Und auch, wenn du dich noch ein bisschen krank fühlen magst, dann sage trotzdem, ich bin jetzt gesund. Du holst es ins Hier und Jetzt und trägst es nicht immer vor dir her. Du lebst jetzt. Ich wünsche dir jetzt alles Gute, Heilung, Gesundheit, ein Leben voller Selbstverwirklichung, in Licht und Liebe. So sei es.

Werte nutzen und vermitteln

Sie haben sich glaubhafte, positive Werte geschaffen. Sie sind stolz darauf, es endlich geschafft zu haben, einen Sinn und einen Gewinn in Ihrem Leben zu sehen. Es ist noch nicht alles perfekt im Lot, das ist es nie, denn Bewegung bestimmt das Leben, aber Sie haben einiges durchlebt und wichtige Erkenntnisse erworben. Erkenntnisse über den Wert des Lebens in jeder Situation. Die können Sie nun weitergeben, mit anderen teilen.

Seien Sie nun offen für die, die noch nicht so weit sind, die sich noch in der Versuchs- und Irrtumsphase bewegen.

Werden Sie ohne Hochmut und Vorurteil zum Lehrer.
Das Leben bietet Ihnen jetzt diese ehrenvolle Tätigkeit an.

Öffnen Sie sich für die, die an Ihre Tür klopfen. Drängen Sie Ihre Erkenntnisse niemandem auf. Lernen geschieht nur freiwillig, das wissen Sie selbst am besten. Jeder bestimmt selbst, was, wann, wie, wo und warum er lernen will.

Freuen Sie sich über die Fortschritte derer, die bei Ihnen lernen. Verurteilen Sie keinen, weil er es nicht tut. Nehmen Sie Rückschritte Ihrer »Schüler« nicht persönlich, denn sie sind keineswegs Ihr Versagen. Entwickeln Sie auch keinen Ehrgeiz für Ihre Schüler. Unterstützen Sie sie vielmehr dabei, selbst ihre Ziele zu bestimmen. Das Erreichte haben nicht Sie selbst erreicht. Das hat Ihr Schüler getan, dank Ihrer Hilfe. Freuen Sie sich mit ihm über den Erfolg! Wohin der Weg geht und welches Ziel er hat, entscheidet der Schüler.

Die Information bestimmt in jedem Fall der Empfänger.

Der Lehrer hat jederzeit das Recht zu gehen, wenn er will. Der Schüler auch.

Früher waren die Lehrer diejenigen, die das Leben bereits erforscht und reiche Erkenntnisse gewonnen hatten. Sie setzten sich in Bewegung und gingen auf Wanderschaft. Dort, wo sie Rast machten, sammelten sich Menschen um sie, die Wissen haben wollten. Die Lebenserfahrenen, die eine Lehre vom Leben hatten, die Lehrer waren, gaben ihr Wissen weiter. Auch sie erfuhren und lernten viel Neues dabei, was sie dann mitnahmen auf ihre Wanderschaft. Für die Weitergabe des Wissens erhielten die Lehrer Respekt und eine gute Versorgung durch die jeweilige Gemeinschaft. War die Gemeinschaft mit dem benötigten Wissen versorgt, teilte sie das dem Lehrer mit, und er zog weiter. War er sehr alt geworden, durfte er bleiben, wo es ihm gefiel. Er wurde als hoch geachtetes Mitglied der Gemeinschaft versorgt und gepflegt.

Ohne das von den Alten über lange Zeiträume erworbene Wissen stirbt eine Gesellschaft aus, und es ist ein Irrtum zu glauben, dass wir dieses Wissen nicht benötigen. Niemand, der in seinem natürlichen Lebenszyklus zum Lehrer wird und lehren darf, verfällt geistig und körperlich. Stellen Sie sich als Lehrer zur Verfügung. Leben und vermitteln Sie Werte. Sie haben es in der Hand, die Gesellschaft im Guten zu nähren. Tun Sie es. Alle profitieren davon, und jeder kann ein Lehrer sein.

Nachwort

Verehrte Leserin, verehrter Leser, dieses Buch nähert sich seinem Ende. Ich hoffe, Sie konnten etwas in Ihre äußere und in Ihre innere Welt mitnehmen, was Sie wirklich nährt. Etwas, das Sinn macht und Ihnen eine echte Hilfe zur Selbsthilfe ist – Selbstermächtigung eben.

Sicher sind hier nicht alle Ihre persönlichen Themen zur Bearbeitung gekommen. Bestimmt haben Sie aber viel über sich nachgedacht und wissen nun, wo Sie noch Baustellen haben.

Ich schreibe gern einen Teil II zum Thema dieses Buches. Schicken Sie mir Ihre Fragen und Anregungen, natürlich auch gern Ihre konstruktive Kritik an beatekuby@gmx.de, Thema MSE.

Wir forschen in unserem Netzwerk »Materielle Selbstermächtigung« an alternativen Währungssystemen, Wirtschaftssystemen und Wohnformen für Menschen, die unzufrieden mit den Lebensumständen auf der Erde sind.

Es ist uns ein großes Anliegen, die individuelle Freiheit und Sinnfindung eines jeden Lebewesens zu unterstützen. Dies ist nur in einem sozialen Netzwerk möglich. Das Ganze ist bekanntlich mehr als die Summe der einzelnen Teile.

Ich lade Sie an dieser Stelle zum Mittun, Mitforschen und Mitlehren ein. Dem Leben einen Sinn zu geben lohnt sich immer.

Herzlichst
Ihre Beate Kuby

Damit es gut weitergeht

Zukunft alternative Lebensprojekte

In unserer Menschheitsentwicklung sind wir an einem Punkt der Individuation angelangt. Die Erde haben wir weitestgehend erforscht, nun sind wir auf der hochspannenden Reise in unsere inneren Welten. Dieses innere Universum ist erst zum Teil und noch lange nicht zu Ende erforscht. Der Vorteil dieser Art Forschung ist, dass wir mit der Hinwendung zum Innen nicht mehr so viel im Außen zerstören können. Hoffentlich.

Ein paar hoch motivierte Menschen und ihre Netzwerke aus Philosophie, Therapie, Ökologie, Wirtschaft, Pädagogik, Politik und Forschung arbeiten mit uns am Lindenhof, Zentrum für Bewusstseinsbildung – und vieles mehr – in Ober-Ramstadt zusammen.

Seit Frühjahr 2012 bauen wir dieses Zentrum, das uns ein Herzensanliegen ist, auf, aus und weiter.

Wenn Sie sich beteiligen, Kontakte oder gute Beiträge haben, sind Sie gern zum Mittun willkommen.

Nur wenn wir uns eine Haltung von Gemeinsinn, Wohlwollen, Offenheit und Respekt zu eigen machen, lässt der Planet Erde uns hier im Paradies der Weiterentwicklung unseres Bewusstseins und unserer Gefühle leben. Wenn wir uns wirklich einlassen, werden wir alle Wunder erleben und verstehen.

Weitere Informationen zum Lindenhof, Zentrum für Bewusstseinsbildung unter: www.lindenhof-zfb.de

Anhang

Der Hase und der Igel

An einem Sonntagmorgen, gerade als die Sonne goldig am Himmel aufgegangen war und die Lerchen in der Luft sangen, war auch der Igel vergnügt und munter und stand vor seiner Tür. Mit beiden Armen übereinandergeschlagen guckte er in den Morgenwind hinaus und trällerte ein Liedchen vor sich hin. Plötzlich fiel ihm ein, er könne doch mal ein bisschen im Feld spazieren gehen und sich umsehen, wie seine Steckrüben wohl stünden. Also machte der Igel die Haustüre hinter sich zu und schlug den Weg zu den Feldern ein.

Noch nicht weit vom Hause entfernt, begegnete ihm auf einmal der Hase, welcher ähnliches Vorhaben hatte. Als der Igel den Hasen sah, bot er ihm einen freundlichen Guten Morgen, doch der Hase, vornehm wie er war, erwiderte den Gruß nicht, sondern sagte nur: »Wie kommt es denn, dass du schon in so früher Morgenstunde im Felde herumläufst?« »Ich gehe spazieren«, sagte der Igel. »Spazieren?«, lachte der Hase, »Ich habe den Anschein, du könntest deine Beine auch wohl zu besseren Dingen gebrauchen.« Diese Antwort verärgerte den Igel über alle Maßen. »Du bildest dir wohl ein, dass du mit deinen Beinen mehr ausrichten kannst?«, sagte der Igel. »Das denke ich«, sagte der Hase. »Nun, es käme auf einen Versuch an«, meinte der Igel.

»Ich wette, wenn wir wettlaufen, so laufe ich dir davon.« »Das ist zum Lachen, du mit deinen schiefen Beinen!«, sagte der Hase. »Aber meinetwegen, wenn du so übergroße Lust hast. Um was wetten wir?« »Einen goldenen Taler und eine Flasche Schnaps«, sagte der Igel. »Angenommen«, sprach der Hase, »schlag ein, und dann kann es gleich losgehen.« »Nein, so große Eile hat es nicht«, meinte der Igel, »ich bin noch ganz nüchtern, erst will ich nach Hause gehen und ein bisschen frühstücken. In einer halben Stunde bin ich auf dem Platze.« Der Hase willigte ein, und daraufhin ging der Igel. Unterwegs dachte sich der Igel: »Der Hase verlässt sich auf seine langen Beine, aber ich werde ihn schon kriegen. Er denkt ein vornehmer Herr zu sein, ist aber doch ein dummer Kerl, und dafür wird er bezahlen.«

Als der Igel zu Hause ankam, sagte er zu seiner Frau: »Zieh dich eilig an, du musst mit mir ins Feld hinaus!« »Was gibt es denn?«, fragte seine Frau. »Ich habe mit dem Hasen um einen goldenen Taler und eine Flasche Schnaps gewettet. Ich will mit ihm um die Wette laufen, und du sollst mit dabei sein.« »Oh mein Gott!«, schrie dem Igel seine Frau. »Hast du den Verstand verloren? Wie kannst du mit dem Hasen um die Wette laufen wollen?« »Sei leise, das ist meine Sache, und misch dich nicht in Männergeschäfte ein«, sagte der Igel. »Marsch, zieh dich an, und dann komm mit!«

Daraufhin folgte die Igel-Frau ihrem Mann, ob sie nun mochte oder nicht. Als sie beide nun miteinander unterwegs waren, sprach der Igel zu seiner Frau: »Nun pass auf, was ich dir sagen werde! Dort auf dem langen Acker wollen wir unseren Wettlauf machen. Der Hase läuft nämlich in der einen Furche und ich in der anderen, und von oben fangen wir an zu laufen. Du hast nun weiter nichts zu tun, als dich hier unten in die Furche zu setzen, und wenn der Hase auf der anderen Seite ankommt, so rufst du ihm entgegen: »Ich bin schon da!« Als sie beim Acker angelangt waren, wies der Igel seiner Frau ihren Platz zu und ging den Acker hinauf. Als er oben ankam, war der Hase schon da. »Kann es losgehen?«, fragte der Hase. »Jawohl«, erwiderte der Igel.

Dann stellte sich jeder in seine Furche, und der Hase zählte: »Eins, zwei, drei!« Und los lief der Hase wie ein Sturmwind den Acker hinunter. Der Igel aber lief ungefähr nur drei Schritte, dann duckte er sich in die Furche nieder und blieb ruhig sitzen. Als der Hase endlich im vollen Laufe unten ankam, rief die Igel-Frau ihm nur zu: »Ich bin schon da!« Der Hase stutzte und wunderte sich nicht wenig, als ihm die Igel-Dame zurief, die für den Hasen vom Igel-Mann nicht zu unterscheiden war. »Das geht nicht mit rechten Dingen zu, es wird noch einmal gelaufen«, rief der Hase, und fort rannte er wieder wie ein Sturmwind, sodass ihm die Ohren am Kopf flogen. Dem Igel seine Frau aber blieb ruhig auf ihrem Platz sitzen.

Als der Hase wieder oben ankam, rief ihm der Igel entgegen: »Ich bin schon da!« Der Hase aber, ganz außer sich vor Eifer, schrie: »Es wird noch mal gelaufen!« »Mir recht, meinetwegen so oft, wie du Lust hast«, antwortete der Igel. So lief der Hase dreiundsiebzigmal, und der Igel hielt es immer wieder mit ihm aus. Jedes Mal, wenn der Hase unten oder oben ankam, sagte der Igel oder seine Frau: »Ich bin schon da!« Beim vierundsiebzigsten Male aber schaffte der Hase nicht mehr das Ende. Mitten auf dem Acker stürzte er zu Boden, während ihm Blut aus dem Hals floss und er tot auf dem Platze liegen blieb. Der Igel aber nahm seinen gewonnenen Taler und die Flasche Branntwein, rief seine Frau aus der Furche, und beide gingen vergnügt nach Hause.[*]

---

[*]   Brüder Grimm: *Die schönsten Kinder- und Hausmärchen,* gelesen auf
       http://maerchen.woxikon.de/27/der-hase-und-der-igel

Hans im Glück

Hans hatte sieben Jahre bei seinem Herrn gedient, da sprach er zu ihm »Herr, meine Zeit ist herum, nun wollte ich gern wieder heim zu meiner Mutter, gebt mir meinen Lohn.« Der Herr antwortete: »Du hast mir treu und ehrlich gedient, wie der Dienst war, so soll der Lohn sein«, und gab ihm ein Stück Gold, das so groß als Hansens Kopf war. Hans zog sein Tüchlein aus der Tasche, wickelte den Klumpen hinein, setzte ihn auf die Schulter und machte sich auf den Weg nach Haus.

Wie er so dahin ging und immer ein Bein vor das andere setzte, kam ihm ein Reiter in die Augen, der frisch und fröhlich auf einem muntern Pferde vorbei trabte. »Ach«, sprach Hans ganz laut, »was ist das Reiten ein schönes Ding! Da sitzt einer wie auf einem Stuhl, stößt sich an keinen Stein, spart die Schuh und kommt fort, er weiß nicht wie.«

Der Reiter, der das gehört hatte, hielt an und rief: »Ei, Hans, warum läufst du auch zu Fuß?« »Ich muss ja wohl, da habe ich einen Klumpen heimzutragen, es ist zwar Gold, aber ich kann den Kopf dabei nicht gerad halten: auch drückt mir's auf die Schulter.« »Weißt du was«, sagte der Reiter, »wir wollen tauschen, ich gebe dir mein Pferd, und du gibst mir deinen Klumpen.« »Von Herzen gern«, sprach Hans, »aber ich sage euch, ihr müsst euch damit schleppen.« Der Reiter stieg ab, nahm das Gold und half dem Hans hinauf, gab ihm die Zügel fest in die Hände und sprach: »Wenn's nun recht geschwind soll gehen, so musst du mit der Zunge schnalzen und ›hopp hopp‹ rufen«.

Hans war seelenfroh, als er auf dem Pferde saß und so frank und frei dahin ritt. Über ein Weilchen fiel's ihm ein, es sollte noch schneller gehen, und fing an mit der Zunge zu schnalzen und »hopp hopp« zu rufen. Das Pferd setzte sich in starken Trab, und ehe sich's Hans versah, war er abgeworfen, und lag in einem Graben, der die Äcker von der Landstraße trennte. Das Pferd wäre auch durchgegangen, wenn es nicht ein Bauer aufgehalten hätte, der des Weges kam und eine Kuh vor sich hertrieb. Hans suchte seine Glieder zusammen und machte sich wieder auf die Beine. Er war aber verdrießlich und sprach zu dem Bauer: »Es ist ein schlechter Spaß, das Reiten, zumal wenn man auf so eine Mähre gerät wie diese, die stößt und einen herab wirft, dass man den Hals brechen kann, ich setze mich nun und nimmermehr wieder auf. Da lob ich mir eure Kuh, da kann einer mit Gemächlichkeit hinterher gehen und hat obendrein seine Milch, Butter und Käse jeden Tag gewiss. Was gäb ich darum, wenn ich so eine Kuh hätte!« »Nun«, sprach der Bauer, »geschieht euch so ein großer Gefallen, so will ich euch wohl die Kuh für das Pferd vertauschen.« Hans willigte mit tausend Freuden ein: der Bauer schwang sich aufs Pferd und ritt eilig davon.

Hans trieb seine Kuh ruhig vor sich her und bedachte den glücklichen Handel. »Hab ich nur ein Stück Brot, und daran wird mir's doch nicht fehlen, so kann ich, so oft mir's beliebt, Butter und

Käse dazu essen; hab ich Durst, so melk ich meine Kuh und trinke Milch. Herz, was verlangst du mehr?« Als er zu einem Wirtshaus kam, machte er Halt, aß in der großen Freude alles, was er bei sich hatte, sein Mittag- und Abendbrot, rein auf und ließ sich für seine letzten paar Heller ein halbes Glas Bier einschenken. Dann trieb er seine Kuh weiter, immer nach dem Dorfe seiner Mutter zu. Die Hitze war drückender, je näher der Mittag kam, und Hans befand sich in einer Heide, die wohl noch eine Stunde dauerte. Da ward es ihm ganz heiß, sodass ihm vor Durst die Zunge am Gaumen klebte. »Dem Ding ist zu helfen«, dachte Hans, »jetzt will ich meine Kuh melken und mich an der Milch laben.« Er band sie an einen dürren Baum, und stellte, da er keinen Eimer hatte, seine Ledermütze unter, aber so sehr er sich auch bemühte, es kam kein Tropfen Milch zum Vorschein. Und weil er sich ungeschickt dabei anstellte, so gab ihm das ungeduldige Tier endlich mit einem der Hinterfüße einen solchen Schlag vor den Kopf, dass er zu Boden taumelte und eine Zeit lang sich gar nicht besinnen konnte, wo er war.

Glücklicherweise kam gerade ein Metzger des Weges, der auf einem Schubkarren ein junges Schwein liegen hatte. »Was sind das für Streiche!«, rief er und half dem guten Hans auf. Hans erzählte, was vorgefallen war. Der Metzger reichte ihm seine Flasche und sprach: »Da trinkt einmal, und erholt euch. Die Kuh will wohl keine Milch geben, das ist ein altes Tier, das höchstens noch zum Ziehen taugt oder zum Schlachten.« »Ei, ei«, sprach Hans, und strich sich die Haare über den Kopf, »wer hätte das gedacht! Es ist freilich gut, wenn man so ein Tier ins Haus abschlachten kann, was gibt's für Fleisch! Aber ich mache mir aus dem Kuhfleisch nicht viel, es ist mir nicht saftig genug. Ja, wer so ein junges Schwein hätte! Das schmeckt anders, dabei noch die Würste.« »Hört, Hans«, sprach der Metzger, »euch zu Liebe will ich tauschen und will euch das Schwein für die Kuh lassen.« »Gott lohn euch eure Freundschaft!«, sprach Hans und übergab ihm die Kuh und ließ sich das Schweinchen vom Karren losmachen und den Strick, woran es gebunden war, in die Hand geben.

Hans zog weiter und überdachte, wie ihm doch alles nach Wunsch ginge: begegnete ihm ja eine Verdrießlichkeit, so würde sie doch gleich wieder gut gemacht. Es gesellte sich danach ein Bursch zu ihm, der trug eine schöne weiße Gans unter dem Arm. Sie boten einander die Zeit, und Hans fing an, von seinem Glück zu erzählen und wie er immer so vorteilhaft getauscht hätte. Der Bursch sagte ihm, dass er die Gans zu einem Kindstaufschmaus brächte. »Hebt einmal«, fuhr er fort und packte sie bei den Flügeln, »wie schwer sie ist, die ist aber auch acht Wochen lang genudelt worden. Wer in den Braten beißt, muss sich das Fett von beiden Seiten abwischen.« »Ja«, sprach Hans und wog sie mit der einen Hand, »die hat ihr Gewicht, aber mein Schwein ist auch keine Sau.« Indessen sah sich der Bursch nach allen Seiten ganz bedenklich um, schüttelte auch wohl mit dem Kopf. »Hört«, fing er darauf an, »mit eurem Schweine mag's nicht so ganz richtig sein. In dem Dorfe, durch das ich gekommen bin, ist eben dem Schulzen eins aus dem Stall gestohlen worden; ich fürchte, ich fürchte ihr habt's da in der Hand. Sie haben Leute ausgeschickt, und es wäre ein schlimmer Handel, wenn sie euch mit dem Schweine erwischten: das Geringste ist, dass ihr ins finstere Loch gesteckt werdet.« Dem guten Hans ward bang. »Ach Gott«, sprach er, »helft mir aus der Not, ihr wisst hier herum besser Bescheid, nehmt mein Schwein da und lasst mir eure Gans.« »Ich muss schon etwas aufs Spiel setzen«, antwortete der Bursche, »aber ich will doch nicht schuld sein, dass ihr ins Unglück geratet.« Er nahm also das Seil in die Hand und trieb das Schwein schnell auf einem Seitenweg fort, der gute Hans aber ging, seiner Sorgen entledigt, mit der Gans unter dem Arme der Heimat zu. »Wenn ich's recht überlege«, sprach er mit sich selbst, »habe ich noch Vorteil bei dem Tausch: erstlich den guten Braten, hernach die Menge von Fett, die herausträufeln wird, das gibt Gänsefettbrot auf ein Vierteljahr, und endlich die schönen weißen Federn, die lasse ich mir in mein Kopfkissen stopfen und darauf will ich wohl ungewiegt einschlafen. Was wird meine Mutter eine Freude haben!«

Als er durch das letzte Dorf gekommen war, stand da ein Scherenschleifer mit seinem Karren: Sein Rad schnurrte, und er sang dazu:

»Ich schleife die Schere und drehe geschwind,
und hänge mein Mäntelchen nach dem Wind.«

Hans blieb stehen und sah ihm zu; endlich redete er ihn an und sprach: »Euch geht's wohl, weil ihr so lustig bei eurem Schleifen seid.« »Ja«, antwortete der Scherenschleifer, »das Handwerk hat einen güldenen Boden. Ein rechter Schleifer ist ein Mann, der, so oft er in die Tasche greift, auch Geld darin findet. Aber wo habt ihr die schöne Gans gekauft?« »Die hab ich nicht gekauft, sondern für mein Schwein eingetauscht.« »Und das Schwein?« »Das hab ich für eine Kuh gekriegt.« »Und die Kuh?« »Die hab ich für ein Pferd bekommen.« »Und das Pferd?« »Dafür hab ich einen Klumpen Gold, so groß als mein Kopf, gegeben.« »Und das Gold?« »Ei, das war mein Lohn für sieben Jahre Dienst.« »Ihr habt euch jederzeit zu helfen gewusst«, sprach der Schleifer, »könnt ihr's nun dahin bringen, dass ihr das Geld in der Tasche springen hört, wenn ihr aufsteht, so habt ihr euer Glück gemacht.« »Wie soll ich das anfangen?«, sprach Hans. »Ihr müsst ein Schleifer werden, wie ich; dazu gehört eigentlich nichts als ein Wetzstein, das andere findet sich schon von selbst. Da hab ich einen, der ist zwar ein wenig schadhaft, dafür sollt ihr mir aber auch weiter nichts als eure Gans geben; wollt ihr das?« »Wie könnt ihr noch fragen«, antwortete Hans, »ich werde ja zum glücklichsten Menschen auf Erden: habe ich Geld, so oft ich in die Tasche greife, was brauche ich da länger zu sorgen?«, reichte ihm die Gans hin und nahm den Wetzstein in Empfang. »Nun«, sprach der Schleifer und hob einen gewöhnlichen schweren Feldstein, der neben ihm lag, auf, »da habt ihr noch einen tüchtigen Stein dazu, auf dem sich's gut schlagen lässt und ihr eure alten Nägel gerade klopfen könnt. Nehmt hin und hebt ihn ordentlich auf.«

Hans lud den Stein auf und ging mit vergnügtem Herzen weiter; seine Augen leuchteten vor Freude, »ich muss in einer Glückshaut geboren sein«, rief er aus, »alles was ich wünsche, trifft mir ein, wie einem Sonntagskind.« Indessen, weil er seit Tagesanbruch auf den Beinen gewesen war, begann er müde zu werden, auch plagte ihn der Hunger, da er allen Vorrat auf einmal in der Freude über die erhandelte Kuh aufgezehrt hatte. Er konnte endlich nur mit Mühe weiter gehen und musste jeden Augenblick haltmachen; dabei drückten ihn die Steine ganz erbärmlich. Da konnte er sich des Gedankens nicht erwehren, wie gut es wäre, wenn er sie gerade jetzt nicht zu tragen brauchte. Wie eine Schnecke kam er zu einem Feldbrunnen geschlichen, wollte da ruhen und sich mit einem frischen Trunk laben; damit er aber die Steine im Niedersitzen nicht beschädigte, legte er sie bedächtig neben sich auf den Rand des Brunnens. Darauf setzte er sich nieder und wollte sich zum Trinken bücken, da versah er's, stieß ein klein wenig an, und beide Steine plumpsten hinab. Hans, als er sie mit seinen Augen in die Tiefe hatte versinken sehen, sprang vor Freuden auf, kniete dann nieder und dankte Gott mit Tränen in den Augen, dass er ihm auch diese Gnade noch erwiesen und ihm auf eine so gute Art und ohne dass er sich einen Vorwurf zu machen brauchte, von den schweren Steinen befreit hätte; das Einzige wäre ihm nur noch hinderlich gewesen. »So glücklich wie ich«, rief er aus, »gibt es keinen Menschen unter der Sonne.« Mit leichtem Herzen und frei von aller Last sprang er nun fort, bis er daheim bei seiner Mutter war.[*]

---

[*]   Brüder Grimm: *Die schönsten Kinder- und Hausmärchen,* gelesen auf www.gutenberg.spiegel.de/buch/6248/76

Die Autorin

Beate Kuby wurde 1960 geboren und ist diplomierte psychoanaly-
tische Kunsttherapeutin. Seit 1996 betreibt sie eine Stadtpraxis in
Darmstadt und eine Landpraxis auf dem Lindenhof in Ober-Ramstadt. Beate Kuby arbeitet ganzheitlich psychosomatisch, energe-
tisch und auch medial als Heilerin und Therapeutin für Mensch,
Tier und Natur. Sie hat ein großes Repertoire an eigenen Methoden entwickelt, die sie lehrt und in Seminaren weitergibt.
Beate Kuby ist außerdem freie Autorin und Moderatorin sowie
Coach in ganzheitlicher Unternehmensberatung. Ihr Beruf ist ihre
Berufung, deshalb hilft sie auch anderen Menschen, in ihre Berufung zu gelangen und den Sinn ihres Lebens zu begreifen.

Kontakt: beatekuby@gmx.de

Seminare, Veranstaltungen, Informationen und Links unter:
www.2012kubyundgasch.de

Fotografin: Rosel Grassmann, Darmstadt

Thorsten Weiss

Spirituelles Geldbewusstsein
*Öffne dich für Wohlstand
und Überfluss*

978-3-8434-1083-0

264 Seiten, Paperback

Geld ist ein Machtinstrument – so denken gerade spirituelle Menschen häufig und verschließen sich dem Thema. Daher ist es kein Wunder, dass viele von ihnen sich immer wieder finanziellen Problemen gegenübersehen. Es ist an der Zeit, das Bewusstsein für Wohlstand zu transformieren! Wir müssen Geld als eine Energieform wahrnehmen, mit der wir unsere Wertschätzung zum Ausdruck bringen können. Dann wird der Umgang damit zu etwas Spielerischem, und wir brauchen kein schlechtes Gewissen dabei zu haben. Wer seine Einstellung zum Wohlstand ändert, dem fließt das Geld auch automatisch zu.

Siranus Sven von Staden

Bring endlich Licht ins Dunkel
deiner Glaubenssätze
Mit dem praktischen
Glaubenssatzfinder

978-3-8434-1060-1

208 Seiten, Paperback

Sie wollen Erfolg, Reichtum, gelingende Beziehungen und Gesundheit in Ihr Leben ziehen, aber es glückt Ihnen einfach nicht? Trotz etlicher guter Vorsätze, zahlreicher Affirmationen und positiven Denkens? Wie Ihnen geht es vielen Menschen. Aber wissen Sie eigentlich, was genau Sie daran hindert, ein erfülltes Leben zu führen? Der erfahrene Coach und Autor Siranus Sven von Staden öffnet Ihnen die Augen. Mithilfe des neuartigen, praktischen und leicht zu handhabenden Glaubenssatzfinders finden Sie spielerisch heraus, welche Überzeugungen Ihnen bislang ein erfolgreiches Leben verwehrt haben. Heute beginnt ein erfüllteres Leben!

Thorsten Weiss

Spirituelles Geldbewusstsein
Die Transfirmationen

978-3-8434-8215-8

Audio-CD, ca. 40 Min.

Damit der Umgang mit Geld zu etwas ganz Natürlichem wird, müssen wir unser Bewusstsein dafür transformieren. Statt Geld als ein Machtinstrument wahrzunehmen, sollten wir es als eine Energieform verstehen, mit der wir unsere Wertschätzung zum Ausdruck bringen können. Zur Unterstützung dieses Umdenkens hat Thorsten Weiss diese Affirmationen für die Programmierung des Unterbewusstseins aufgenommen.

Siranus Sven von Staden

Quantum Energy 2
Übungen zu den Lebensbereichen
Erfolg, Reichtum, Berufung und
Spiritualität

978-3-8434-8156-4

2 Audio-CDs, ca. 87 Min.

Die Doppel-CD begleitet die Leser des Buches »Quantum Energy«. Doch sie kann auch unabhängig vom Buch verwendet werden. Nutzen Sie das Quantenbewusstsein, um erfolgreicher und wohlhabender zu werden, Ihre Berufung zu finden oder auf Ihrem spirituellen Weg einen deutlich Schritt weiterzukommen. Für ein erfülltes, glückliches und erfolgreiches Leben voller Wohlstand. Alle Übungen sind in Echtzeit aufgenommen, inklusive der notwendigen Pausen – als Erleichterung für Sie! Die CD-Übungssets 1 & 2 bauen nicht aufeinander auf und können daher unabhängig voneinander genutzt werden.